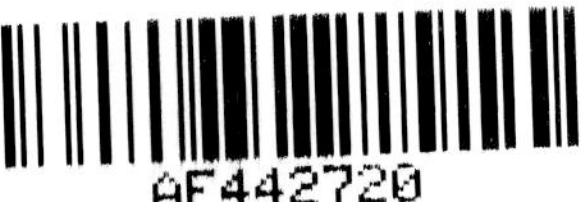

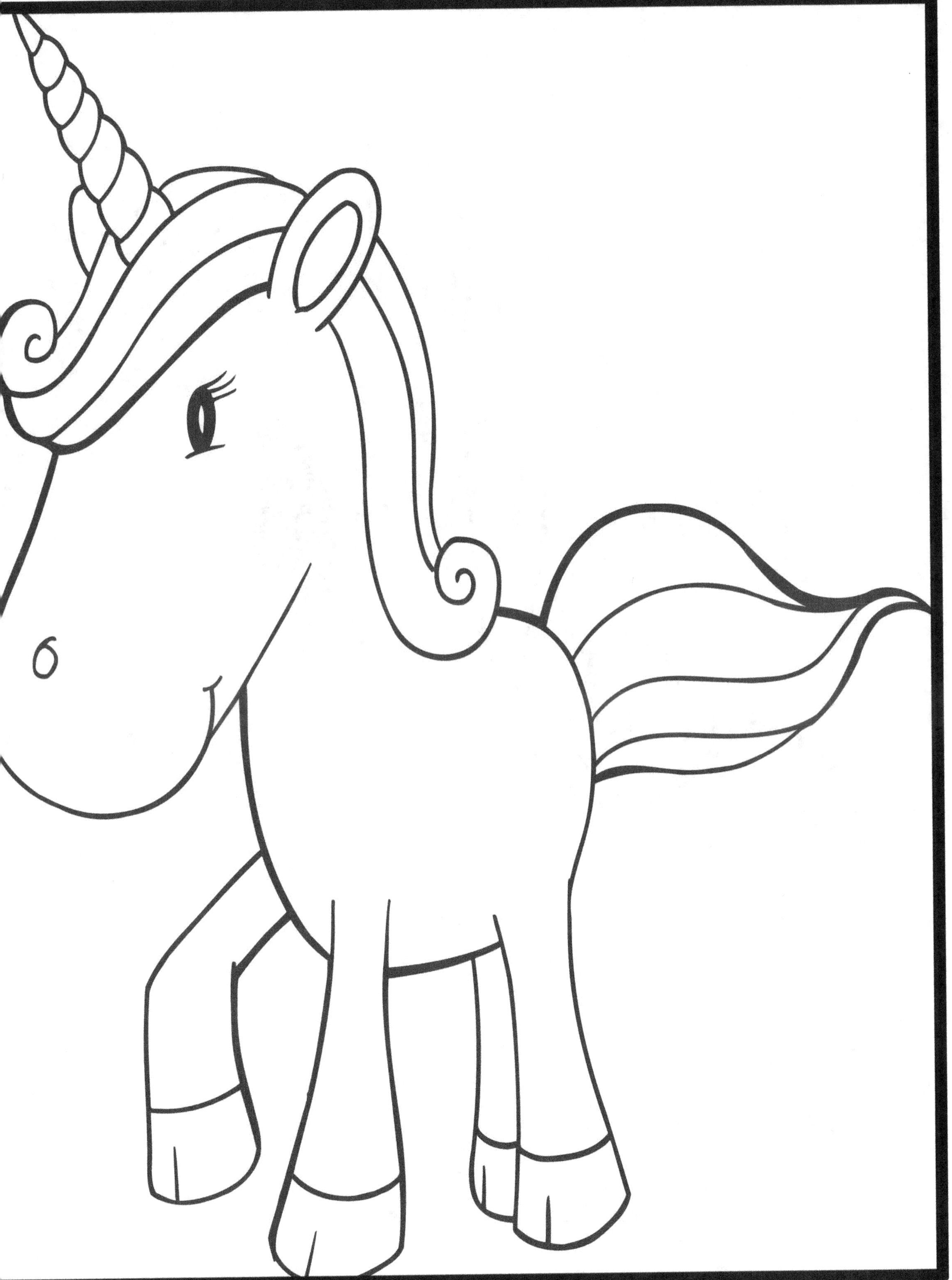

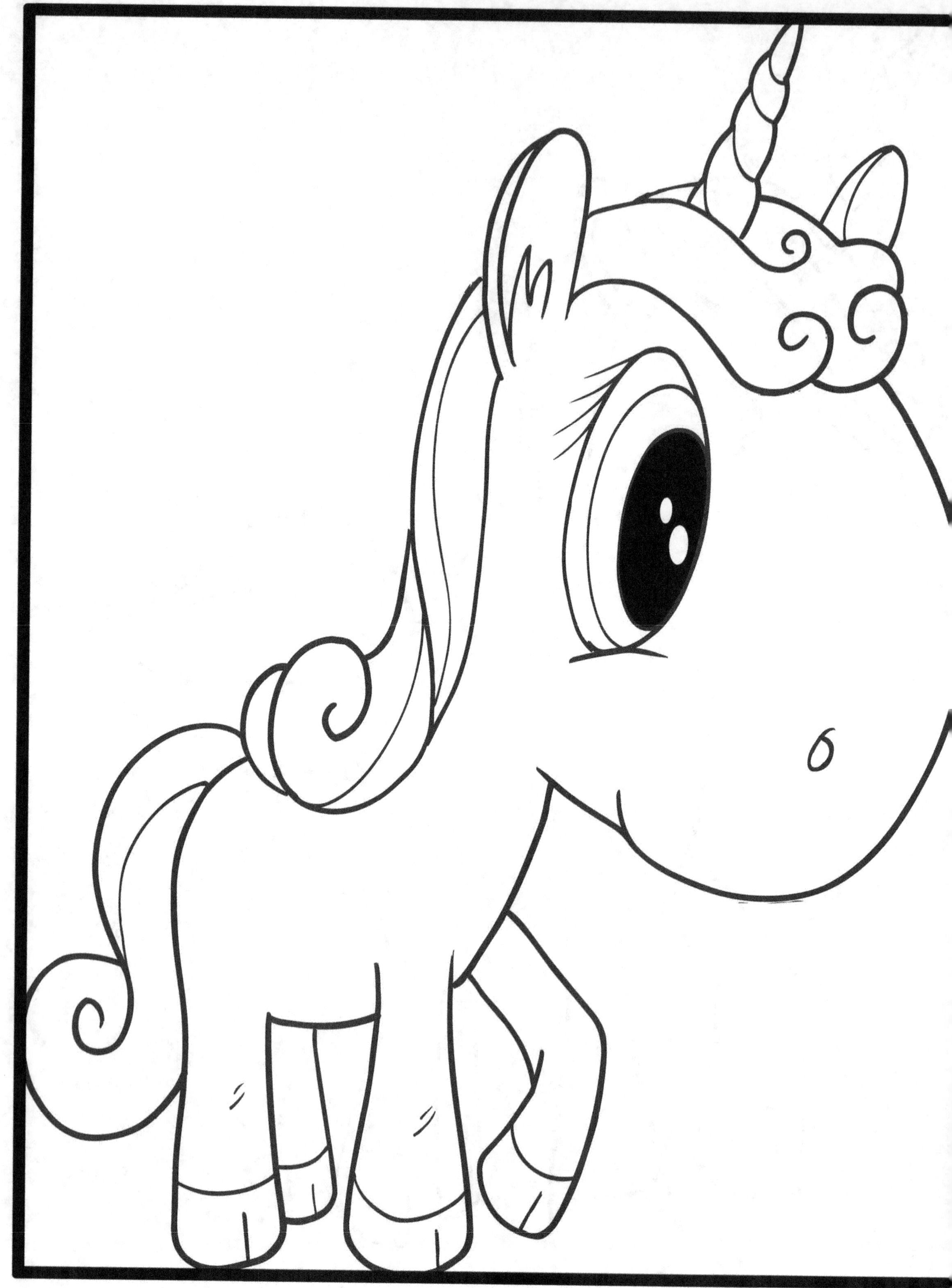

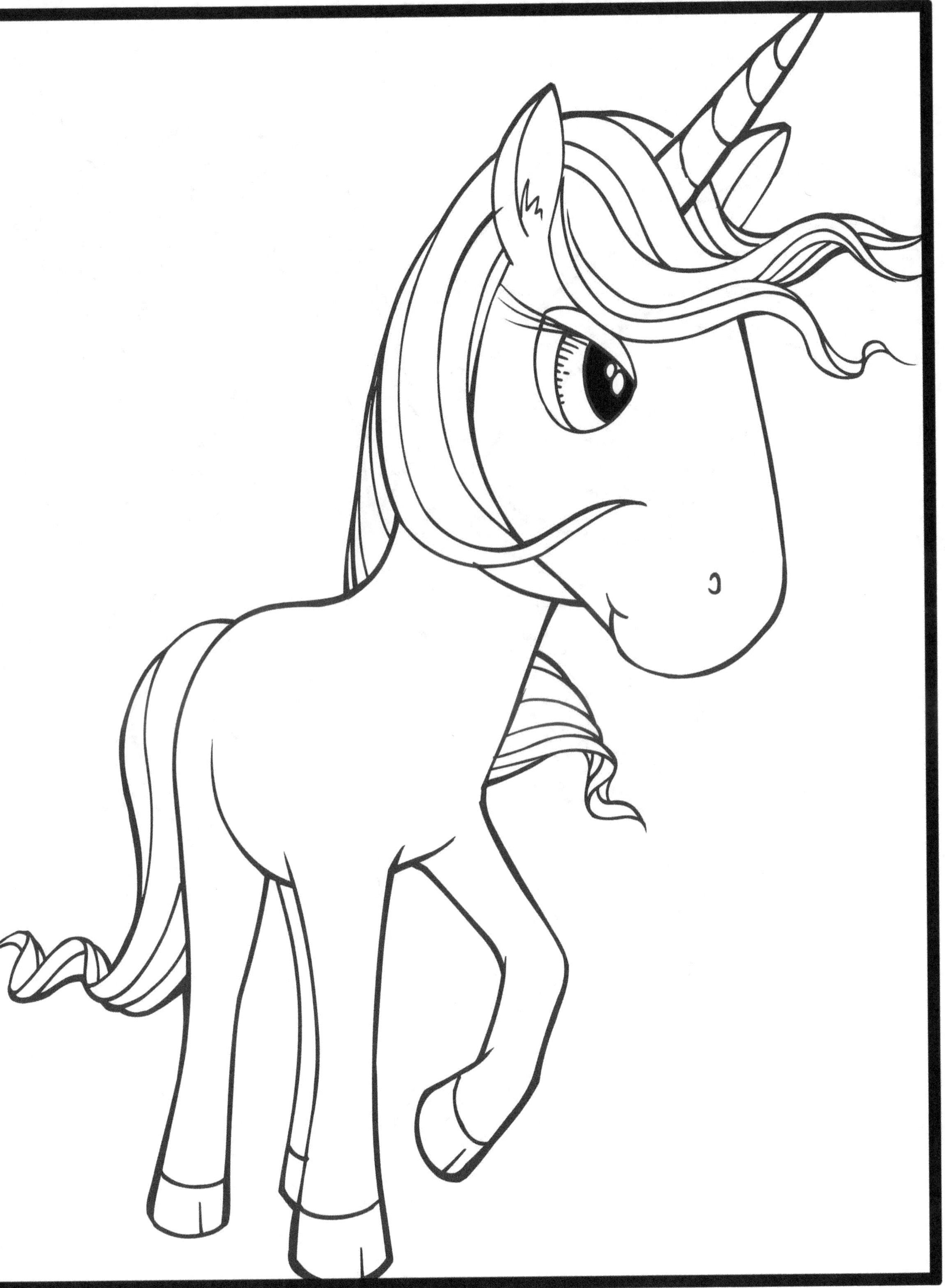

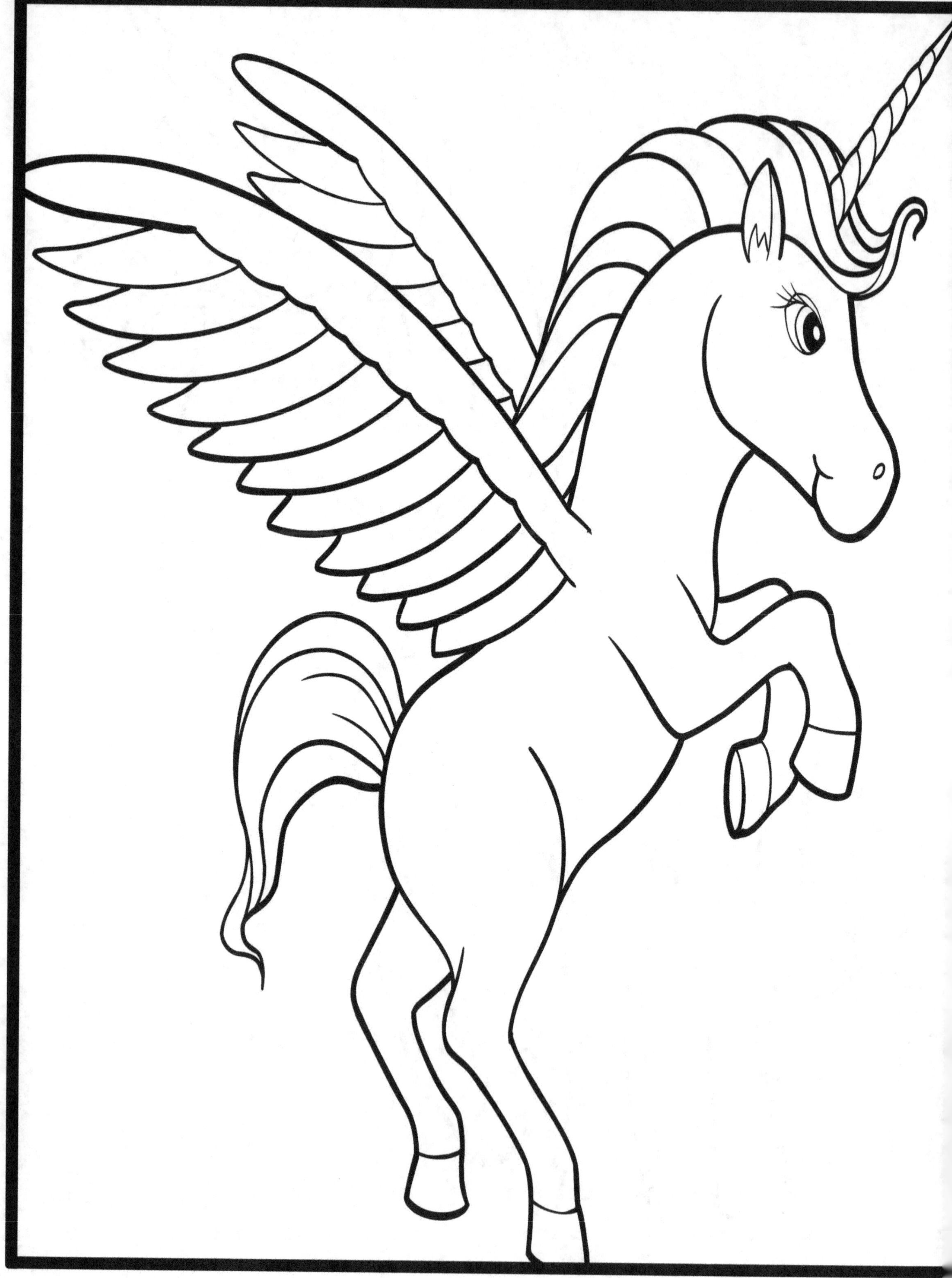

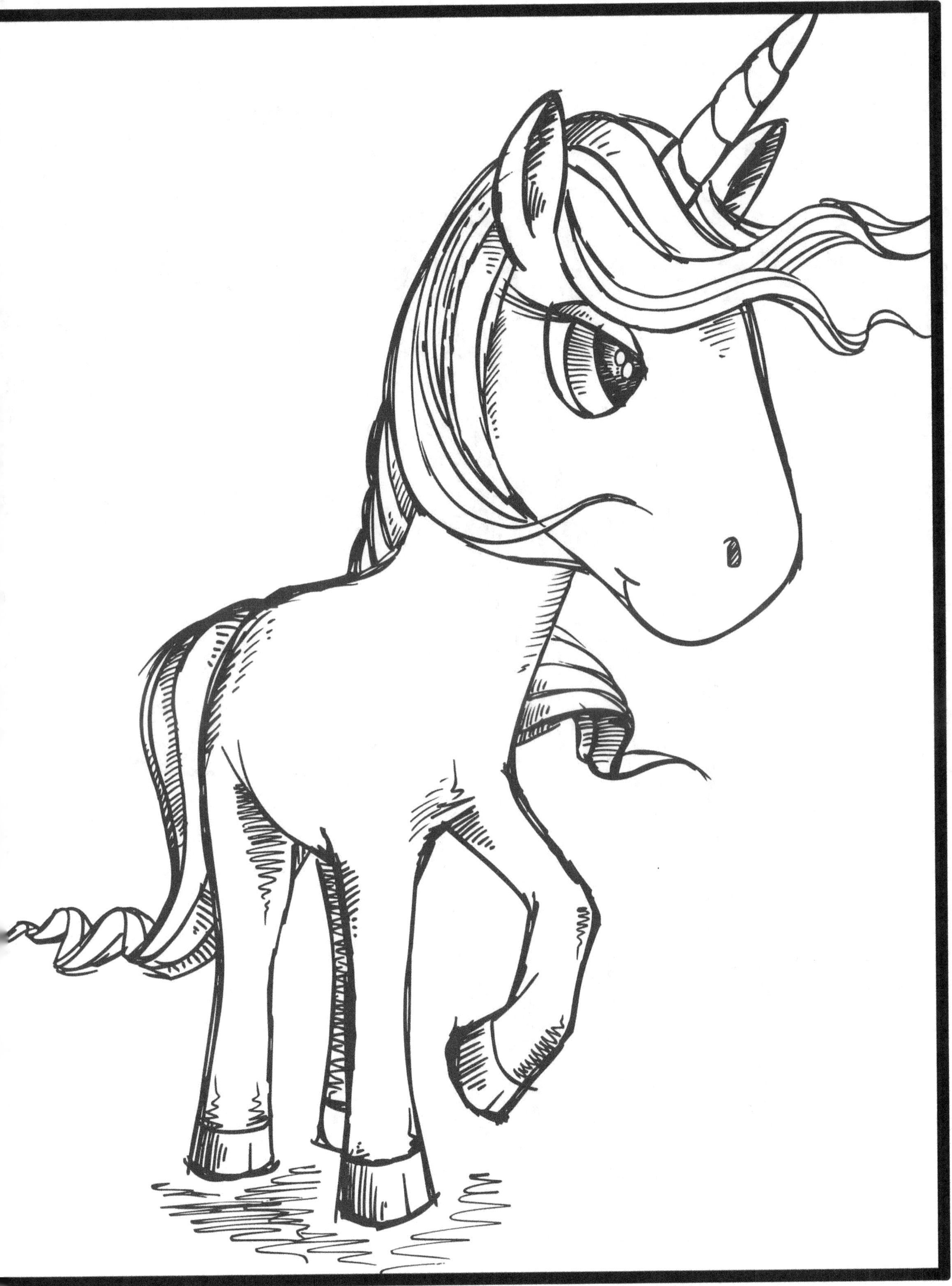

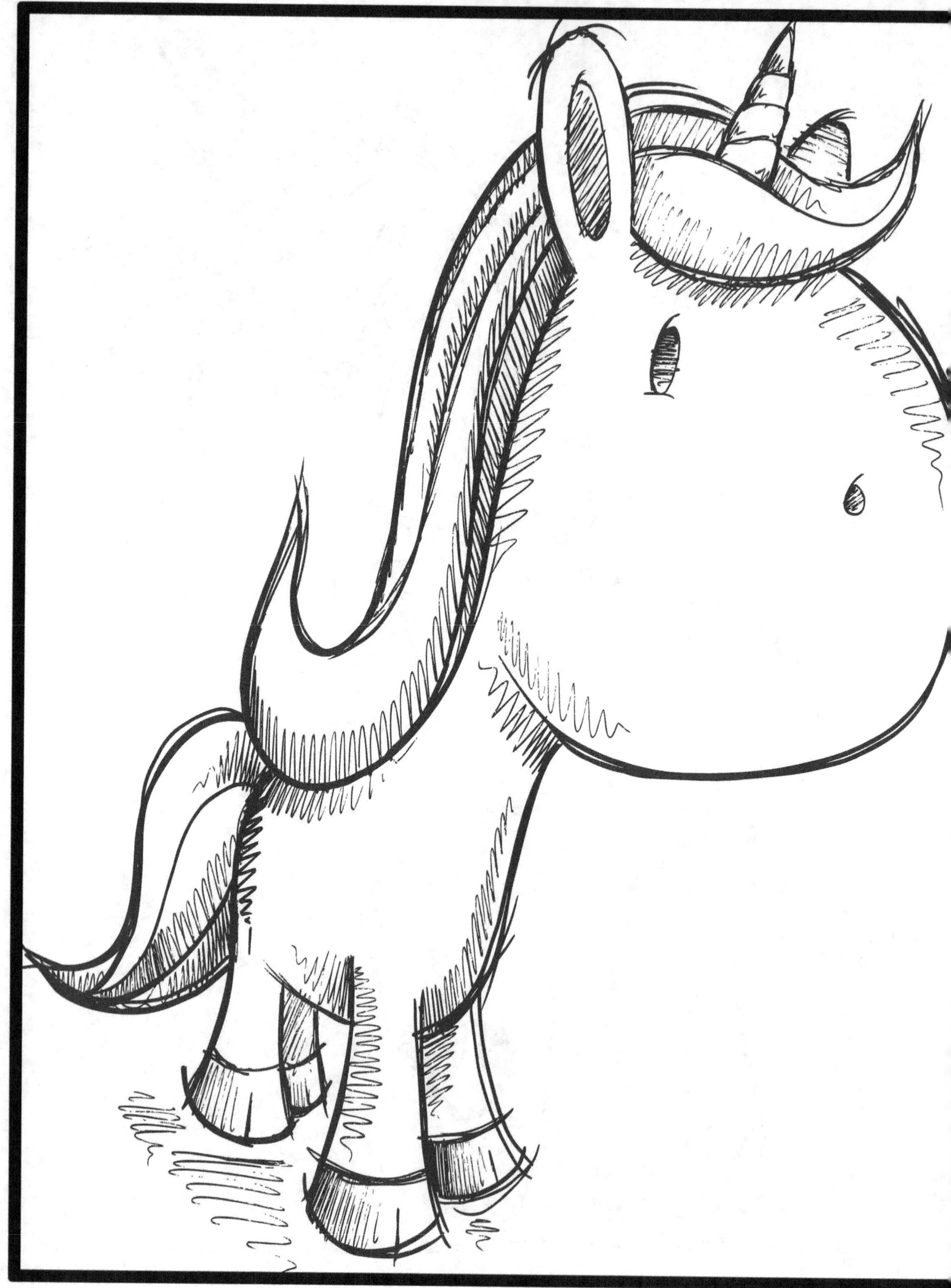

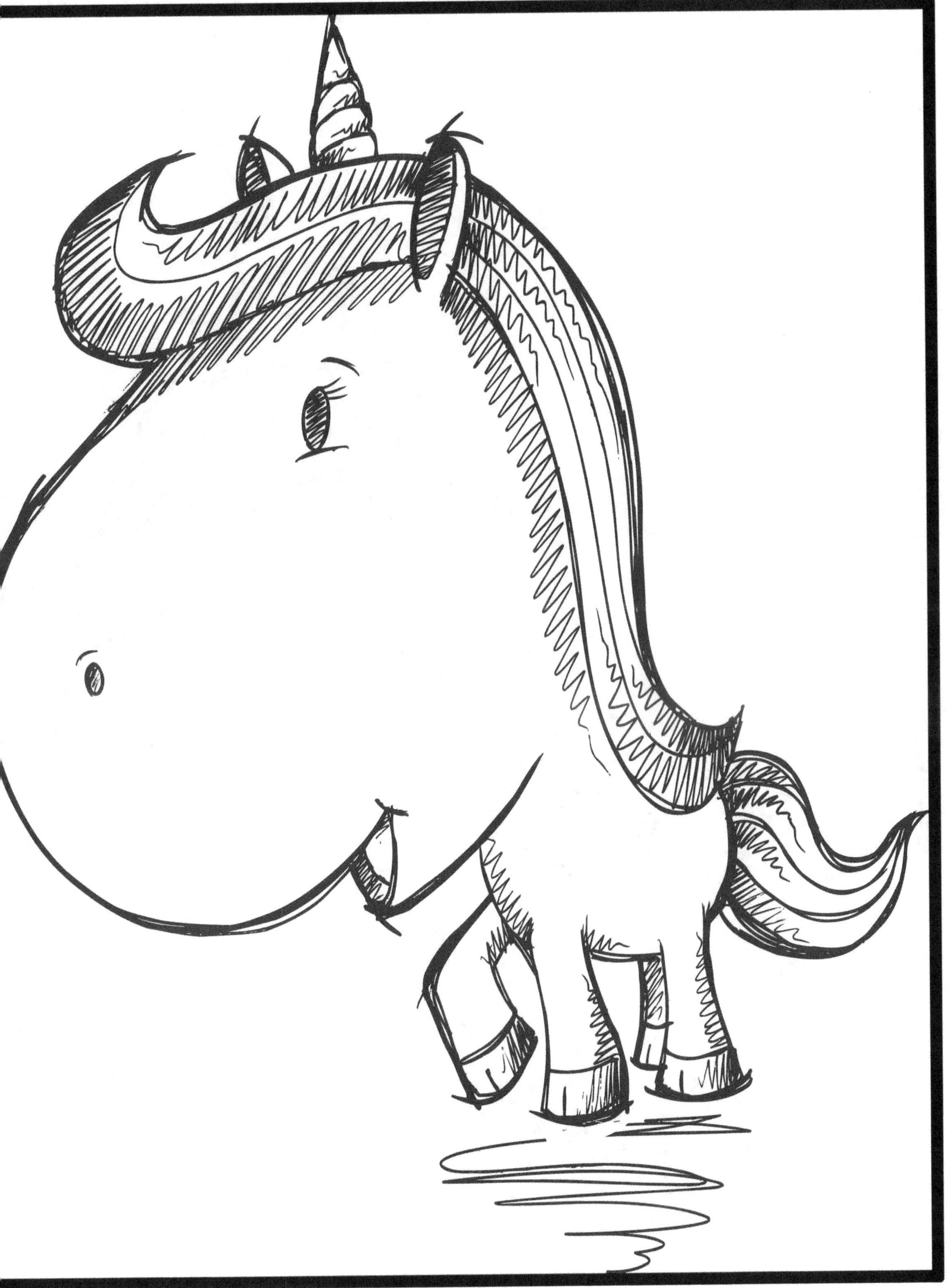

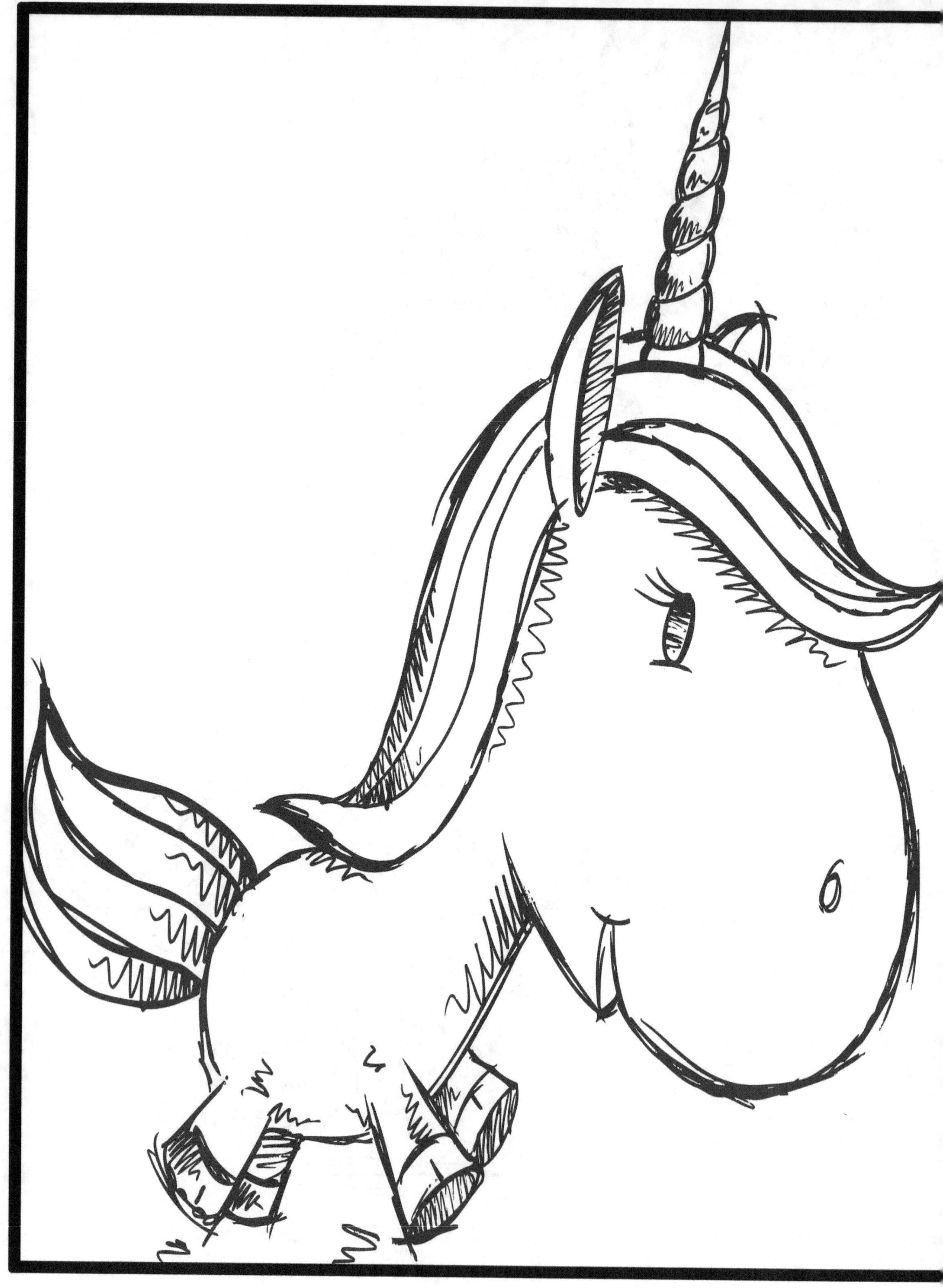

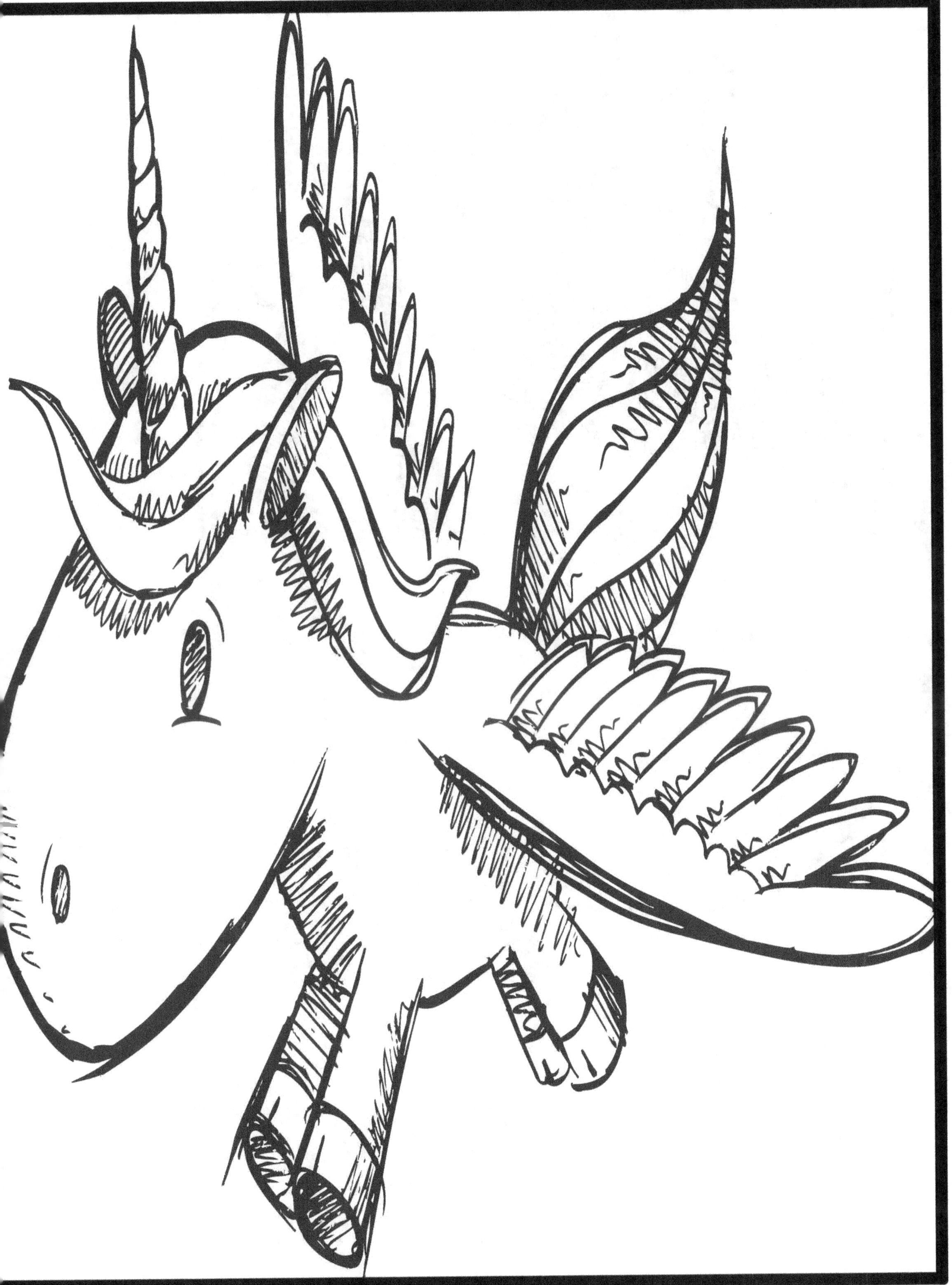

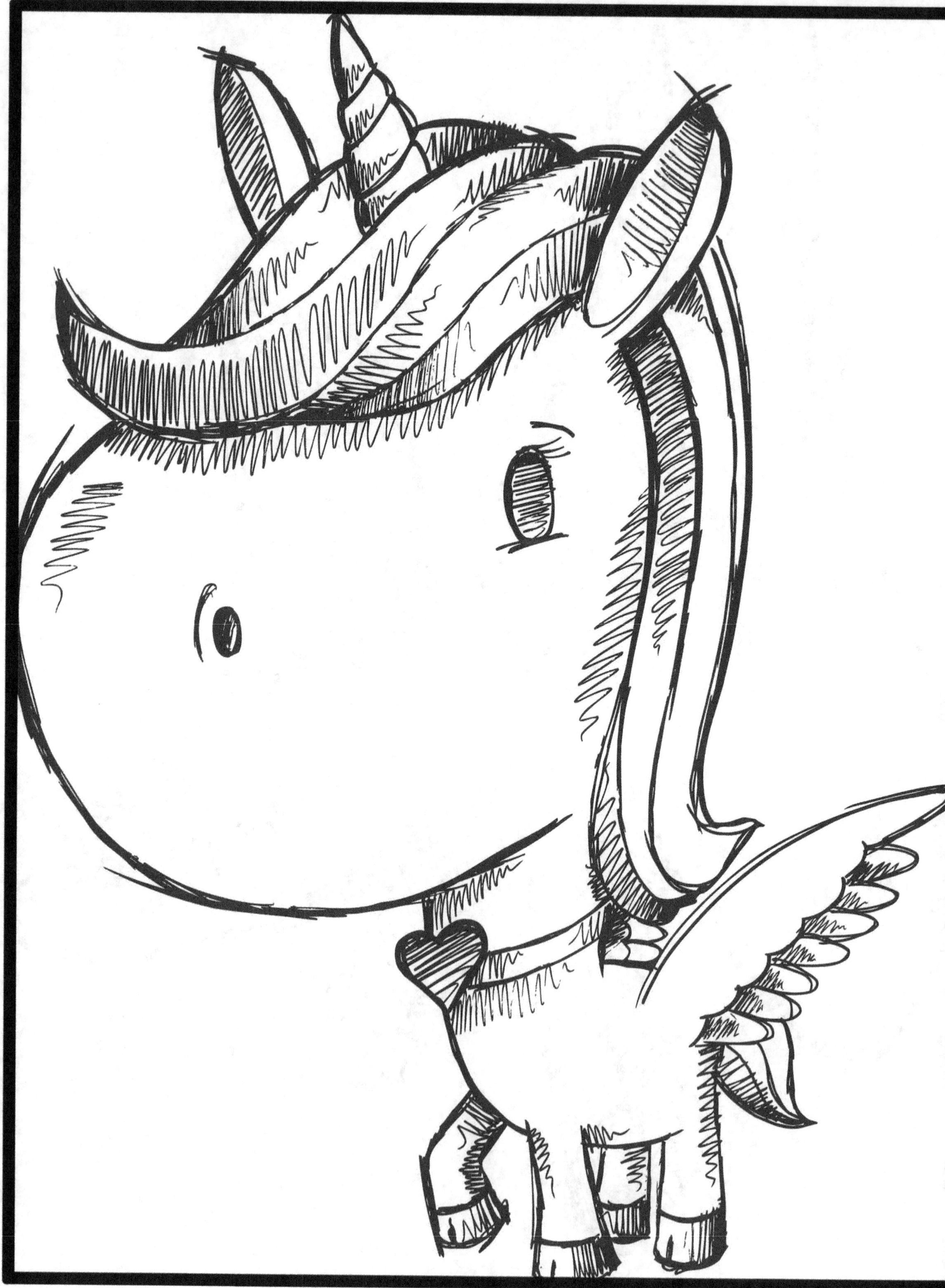

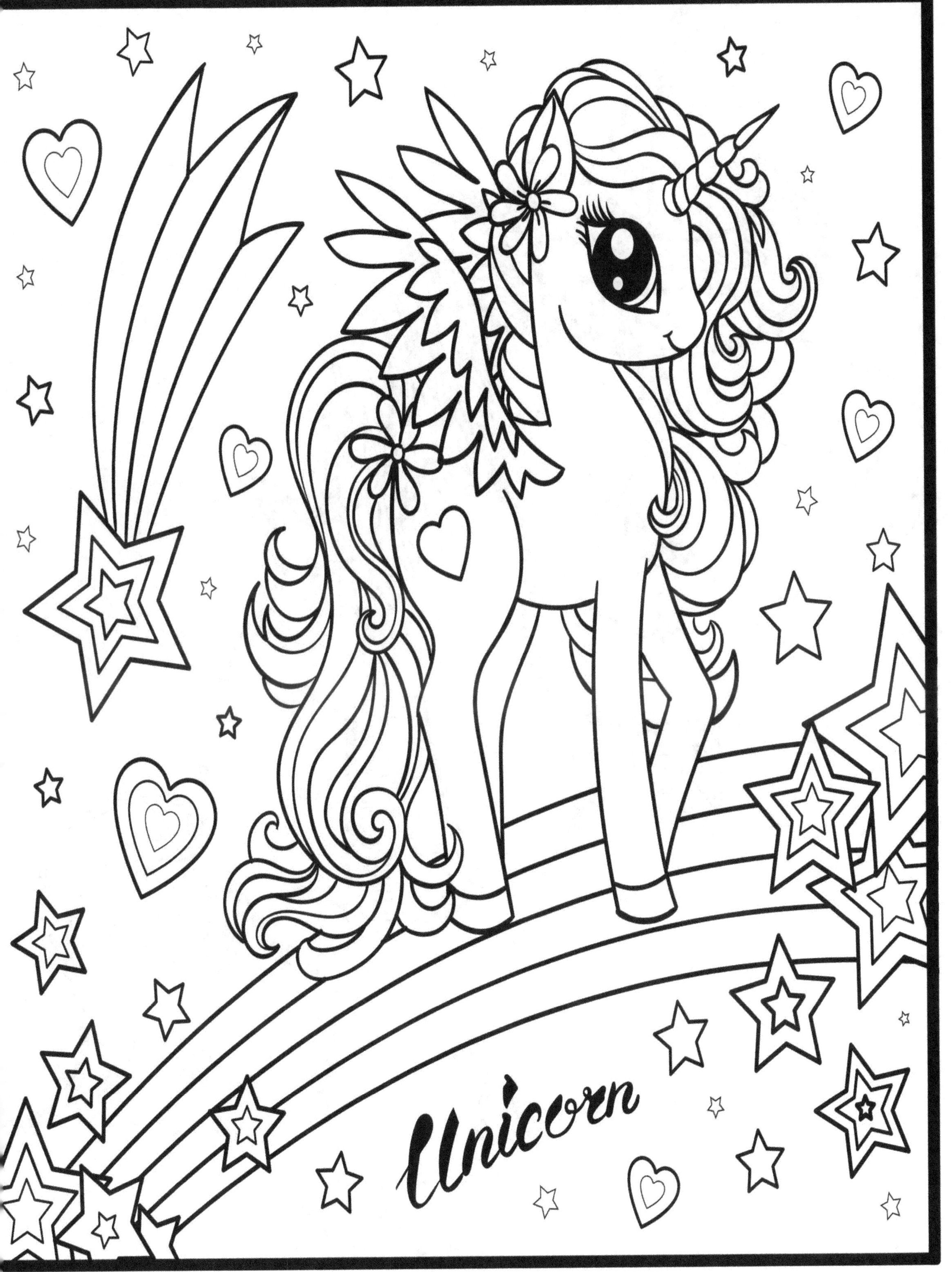

Unicorn

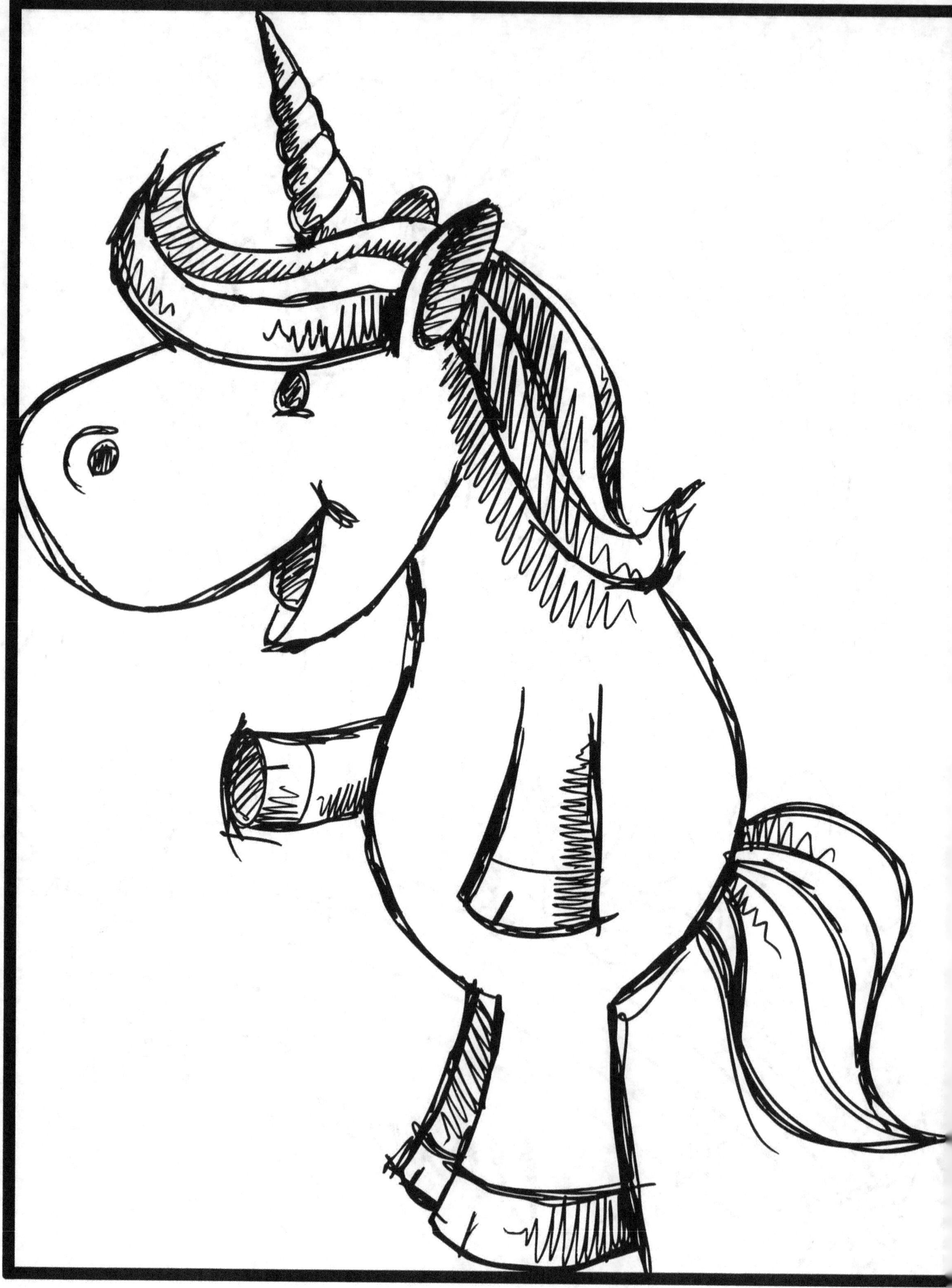

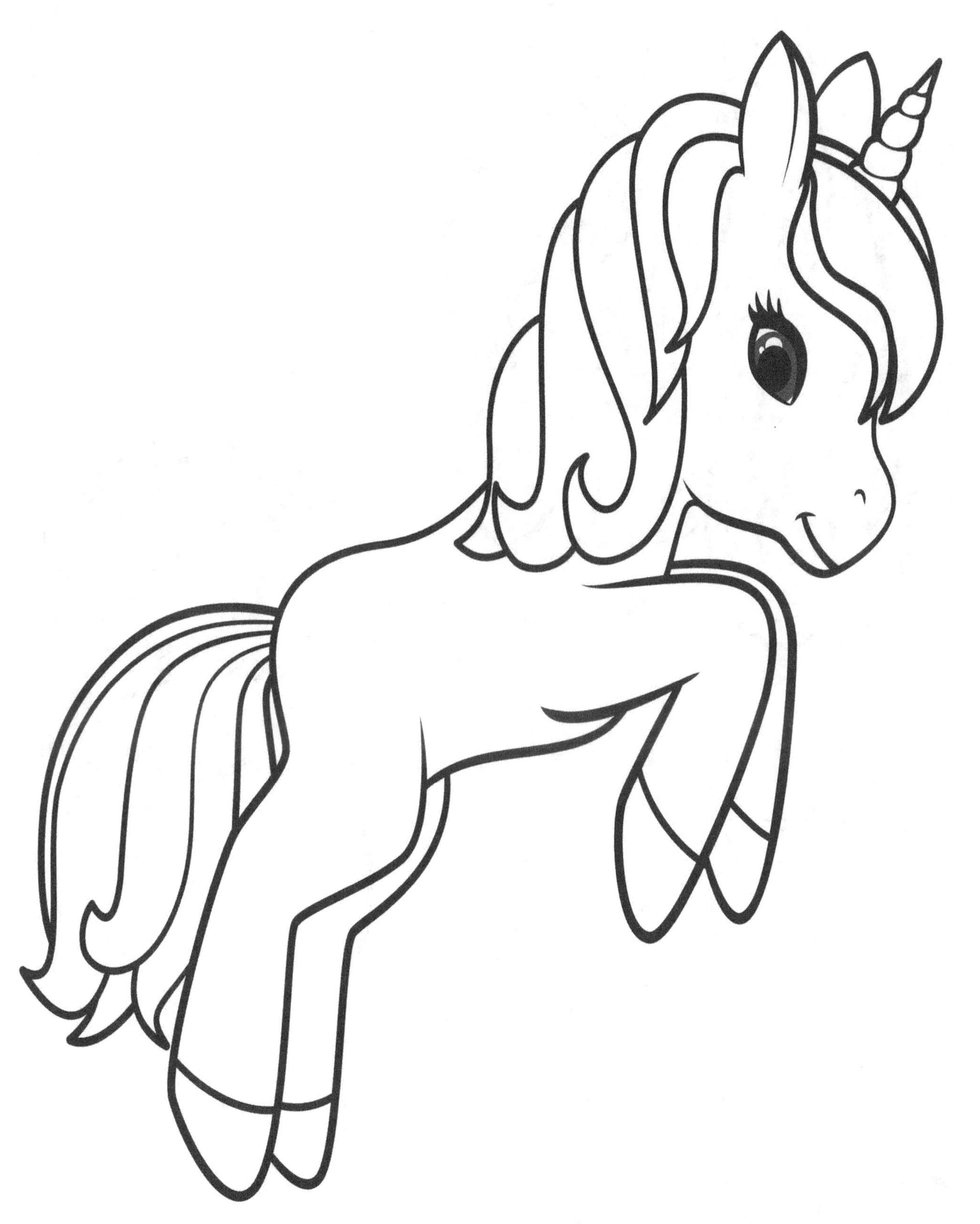

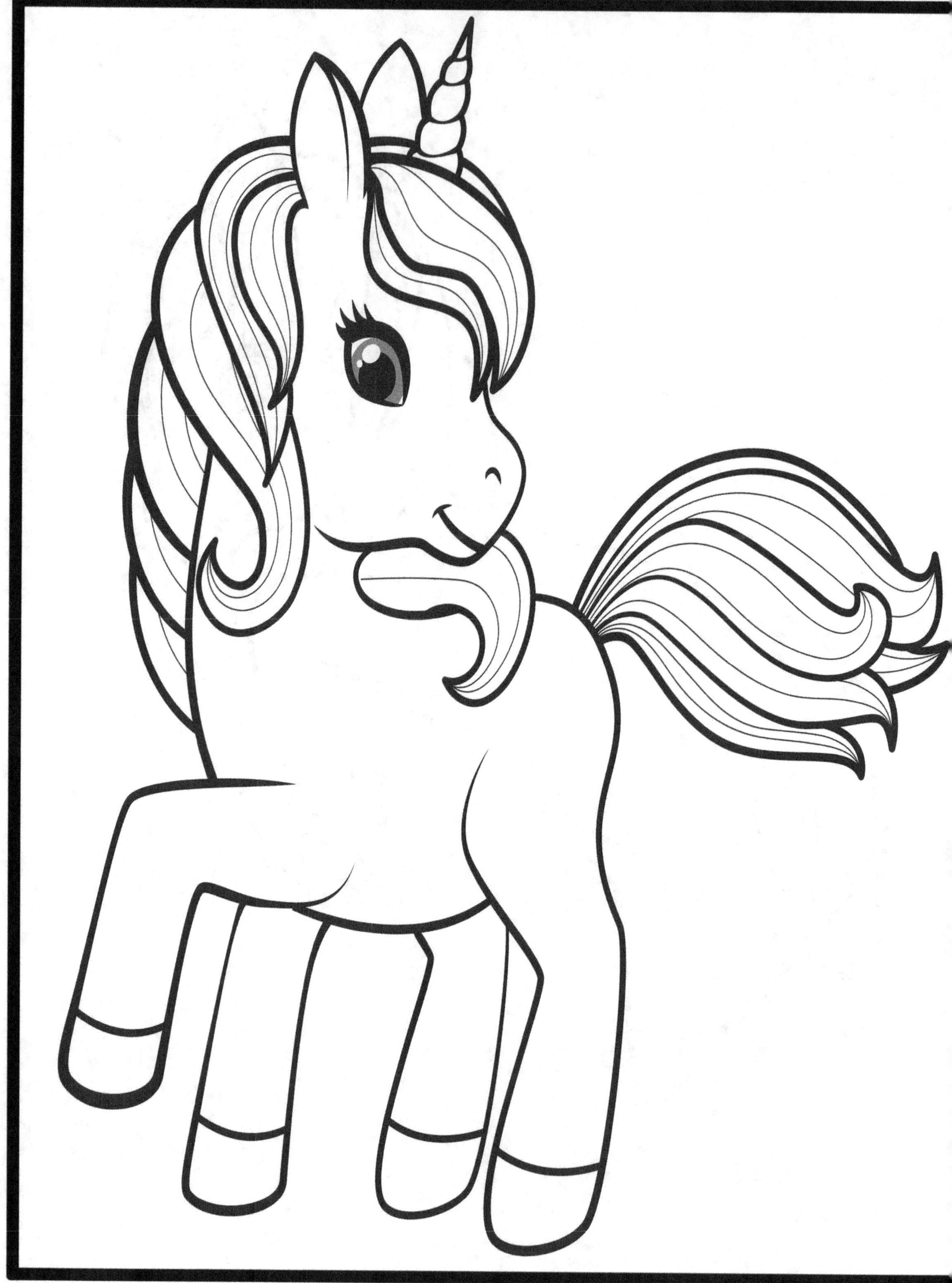

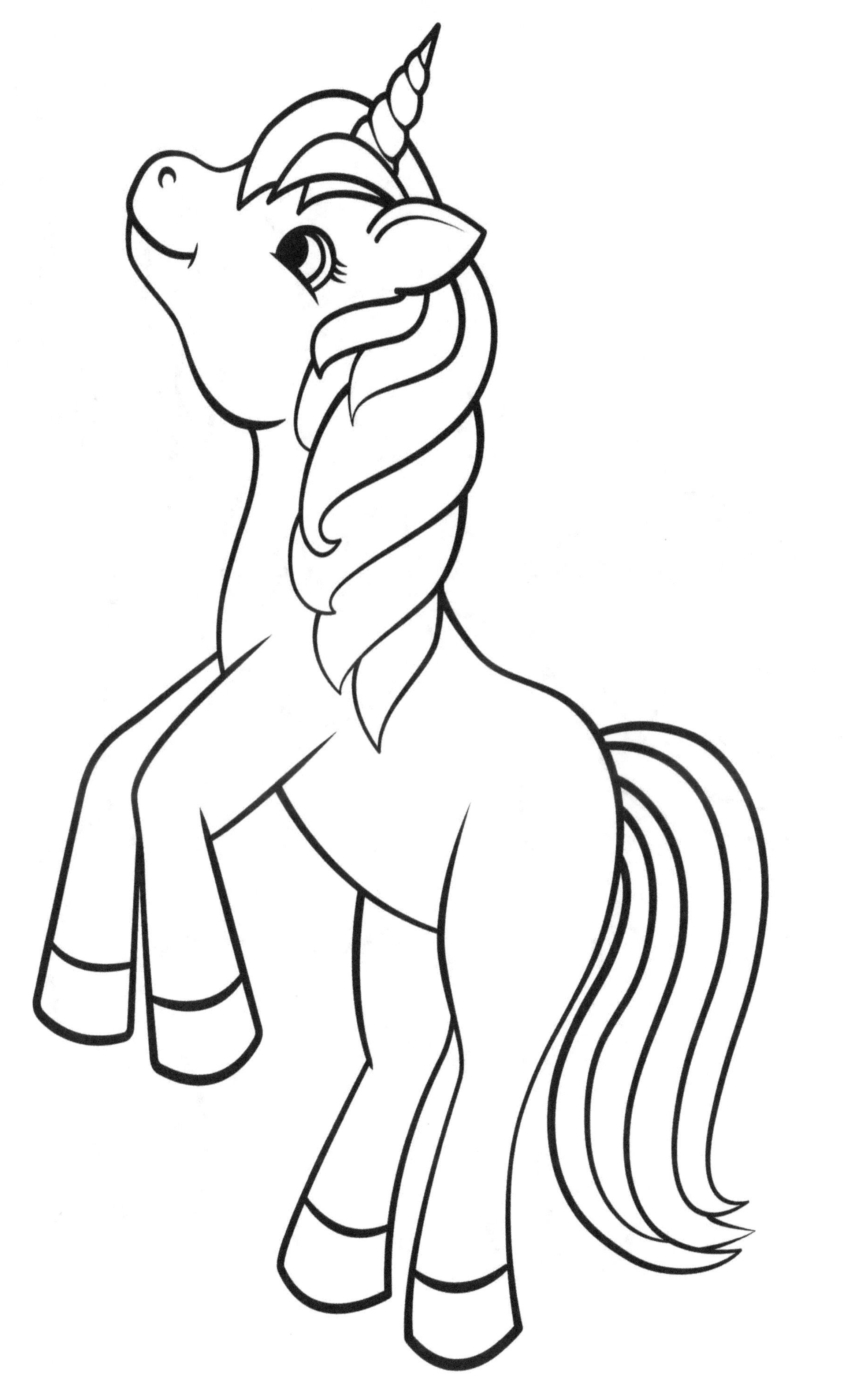

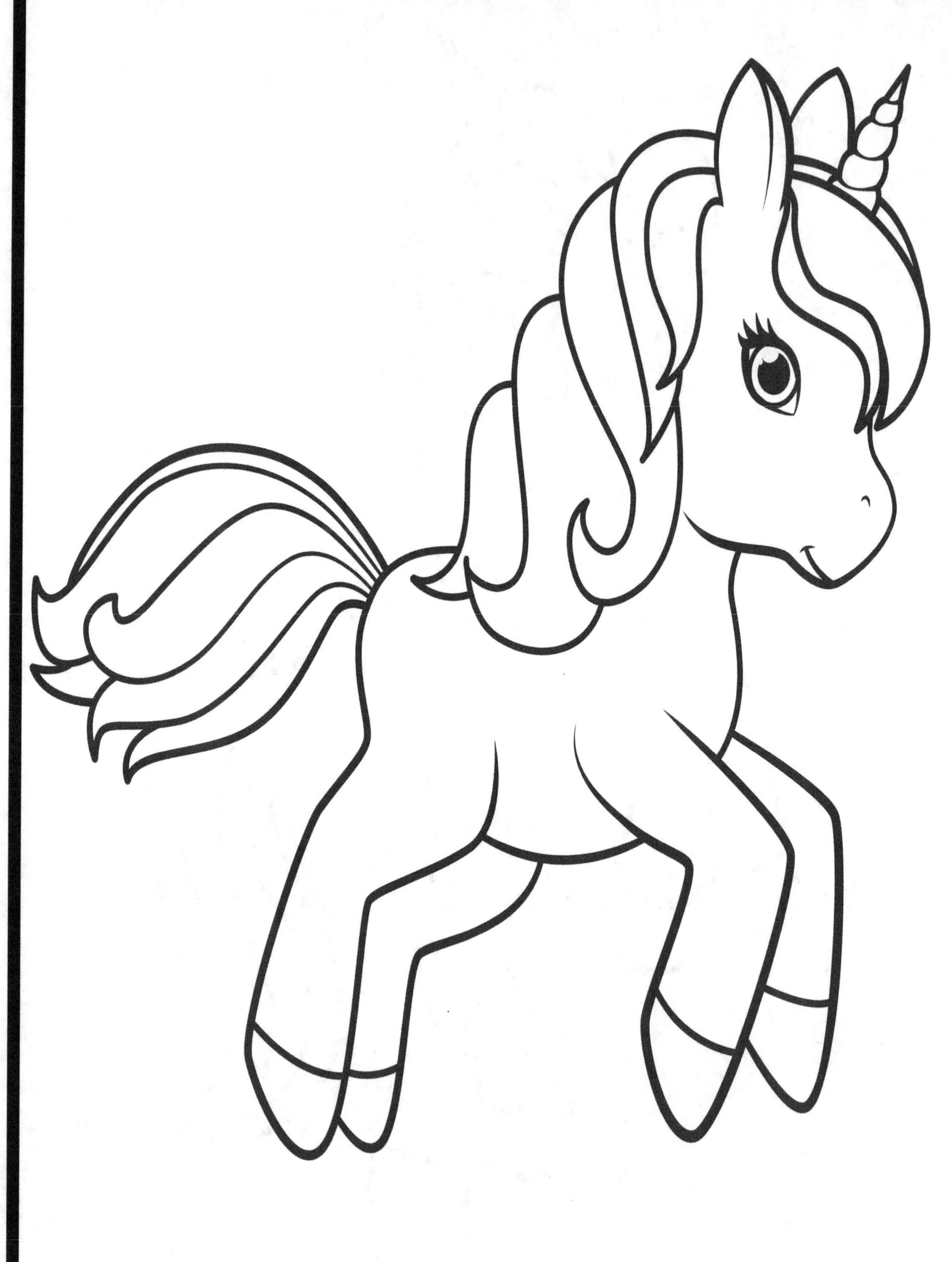

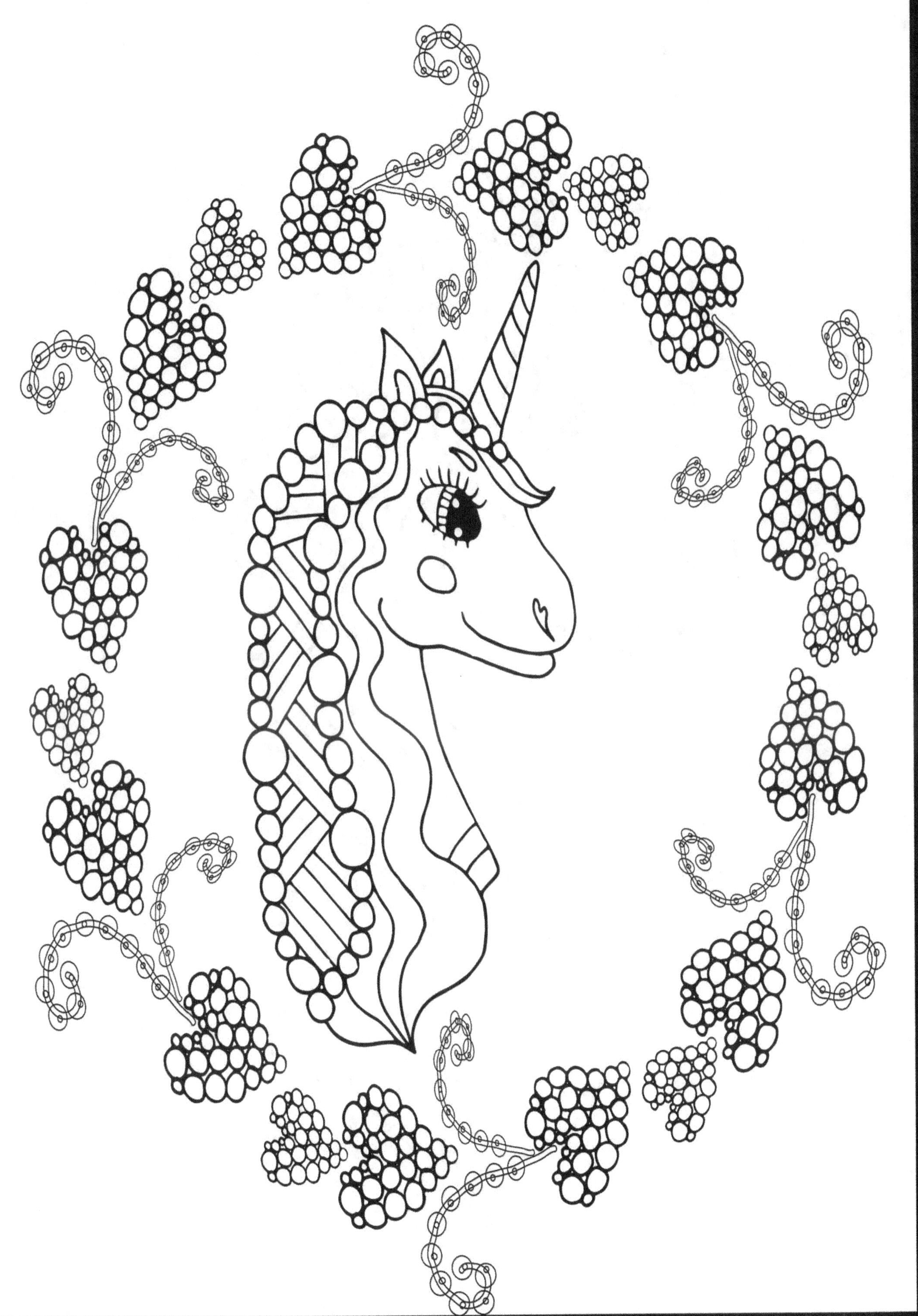

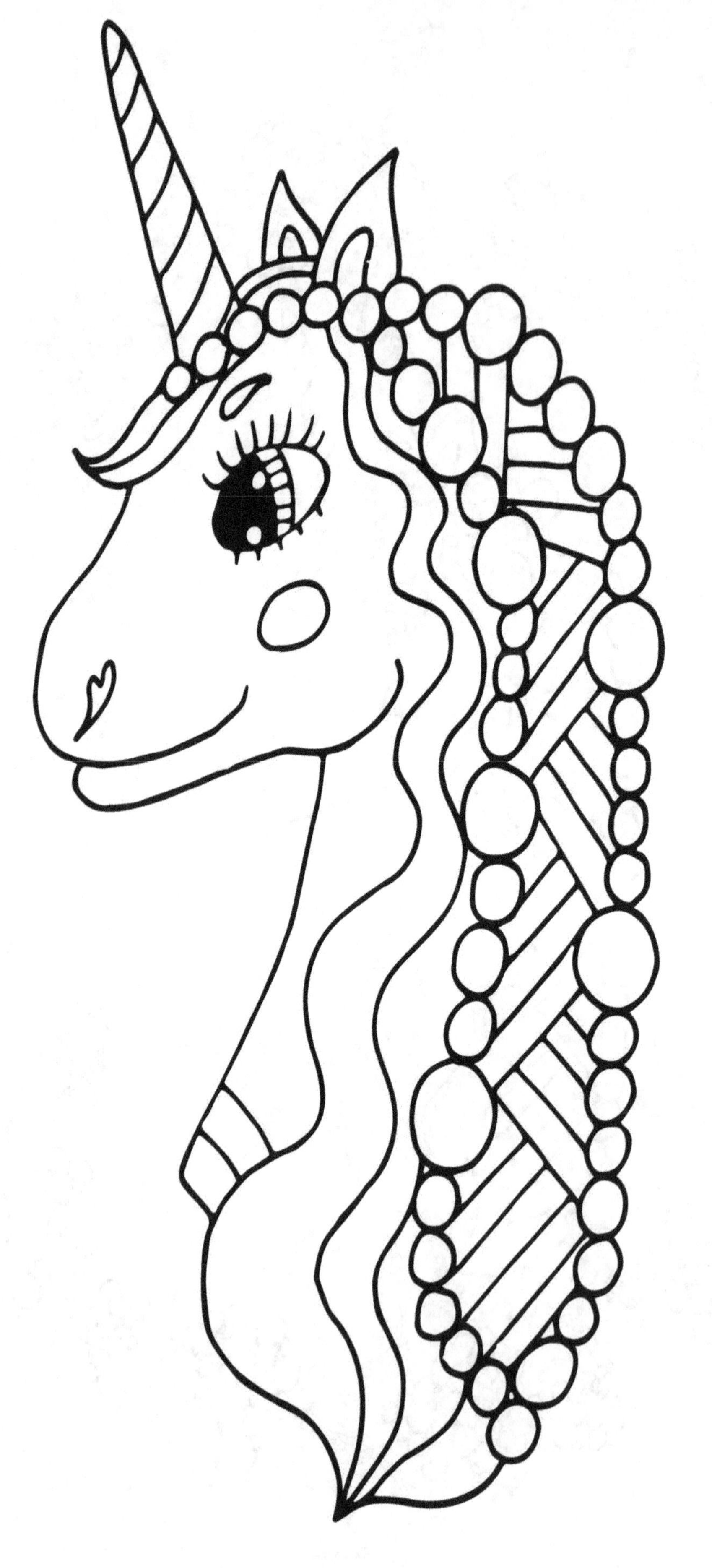

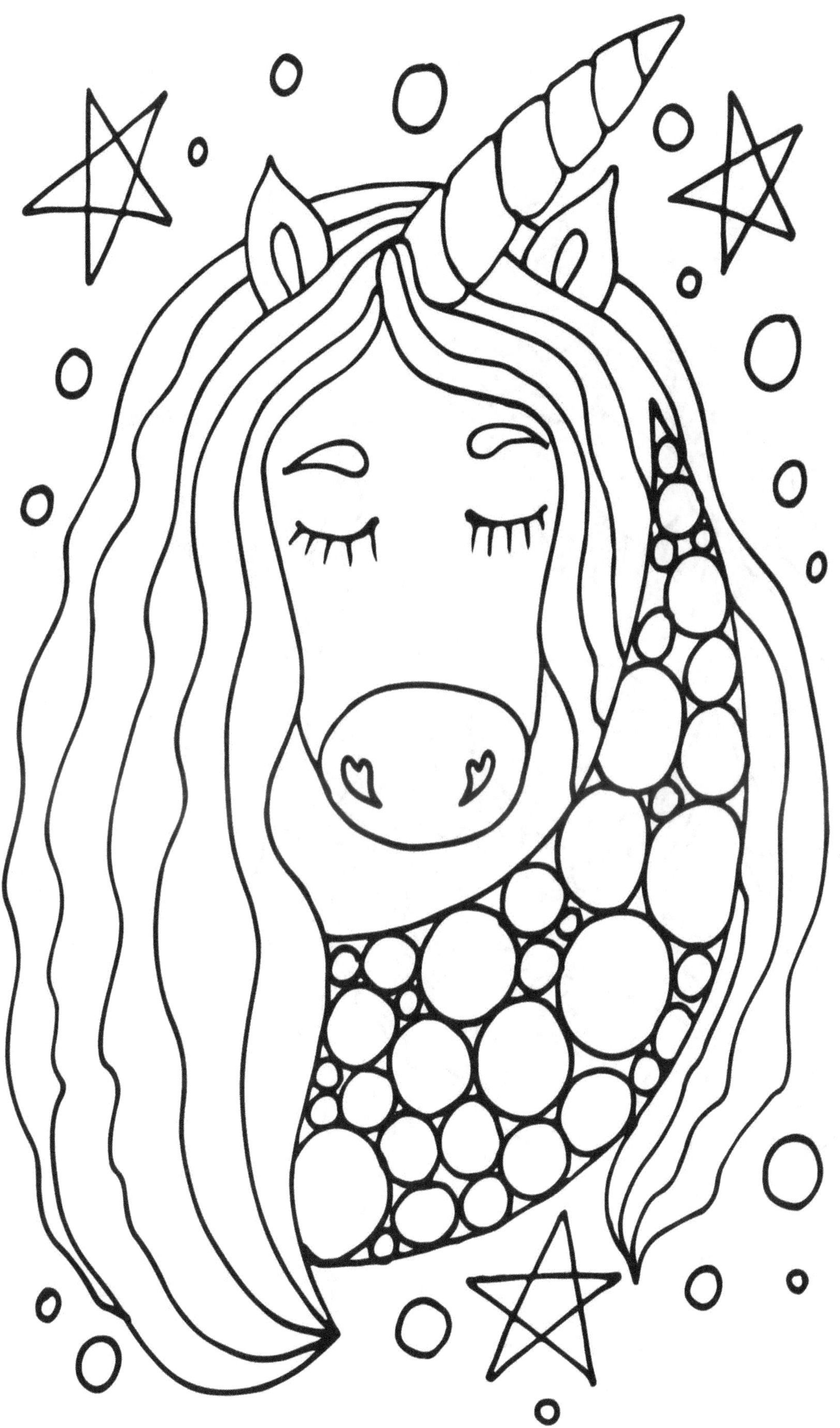

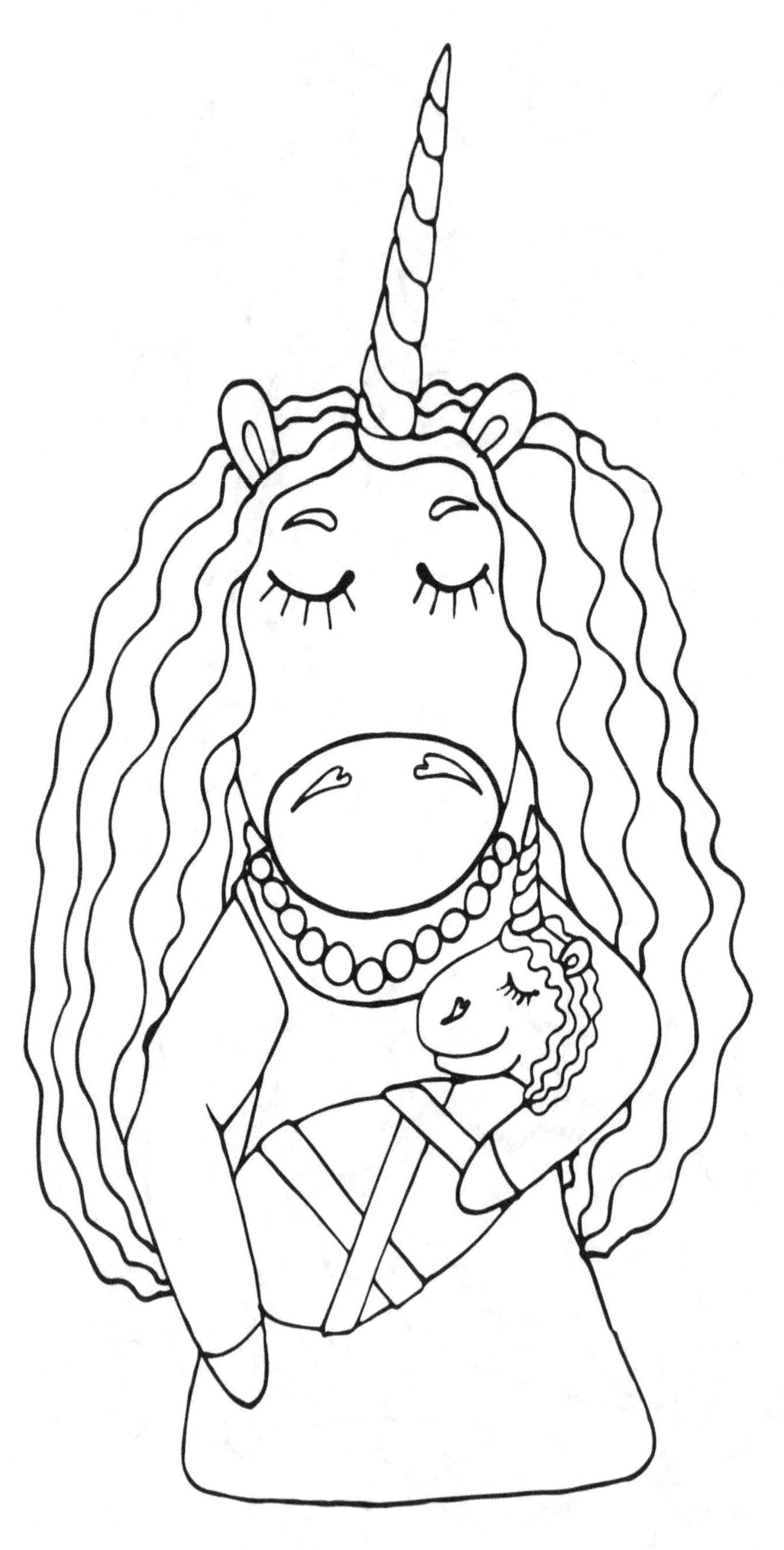

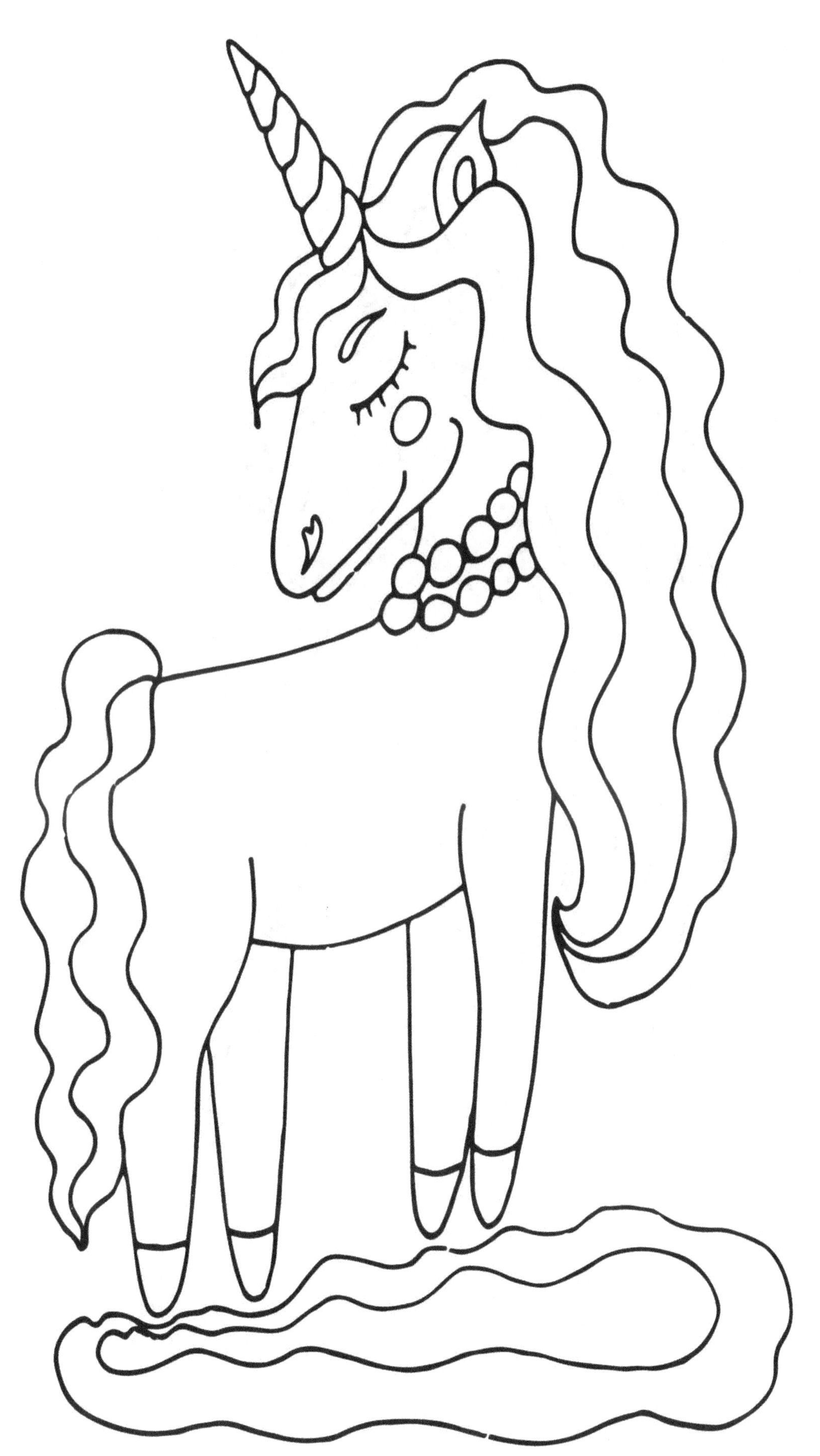

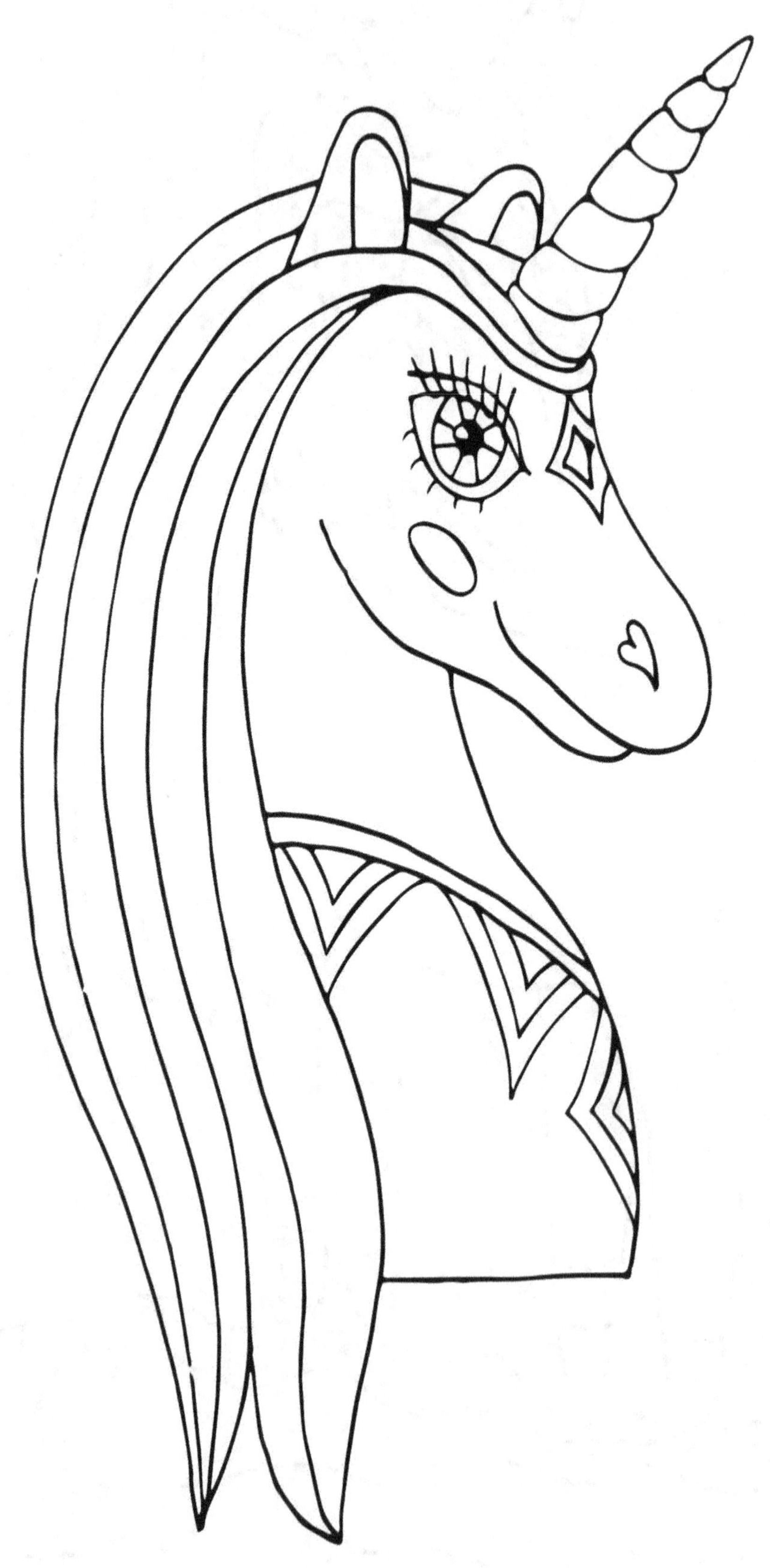

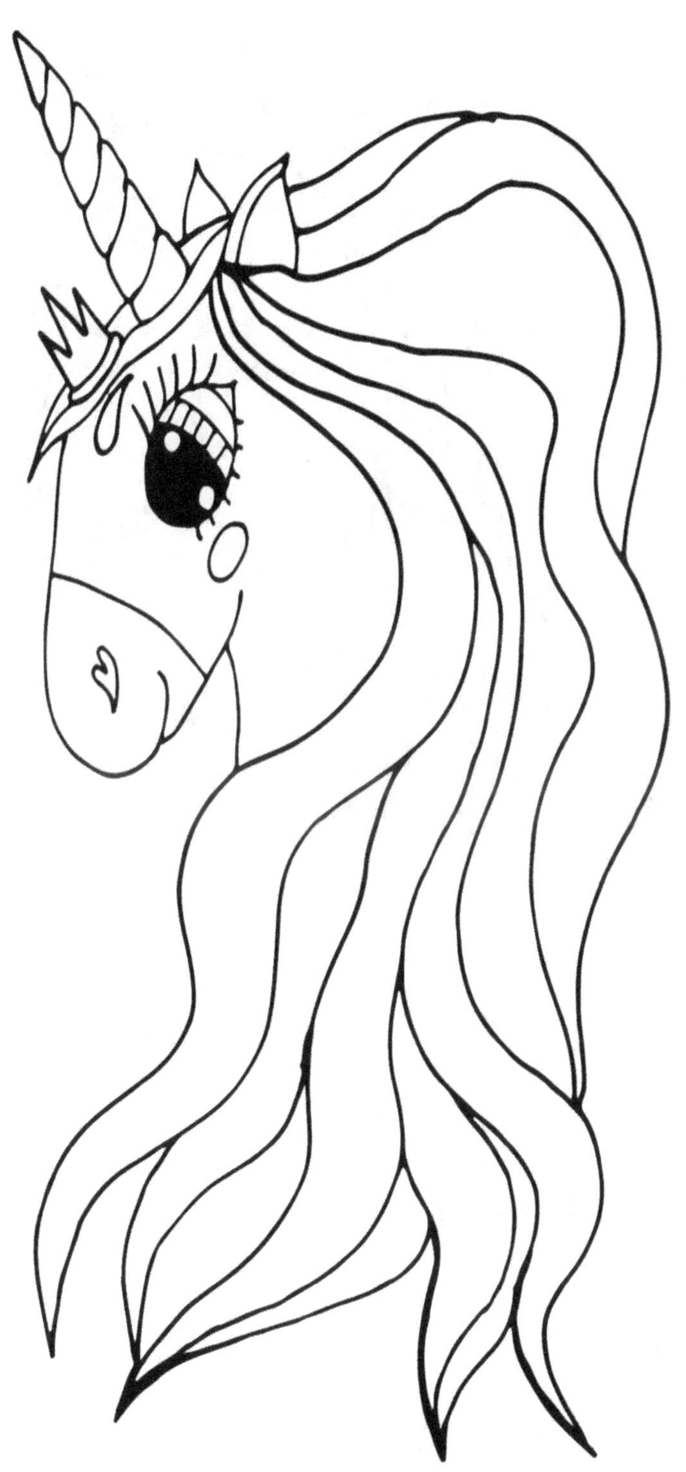

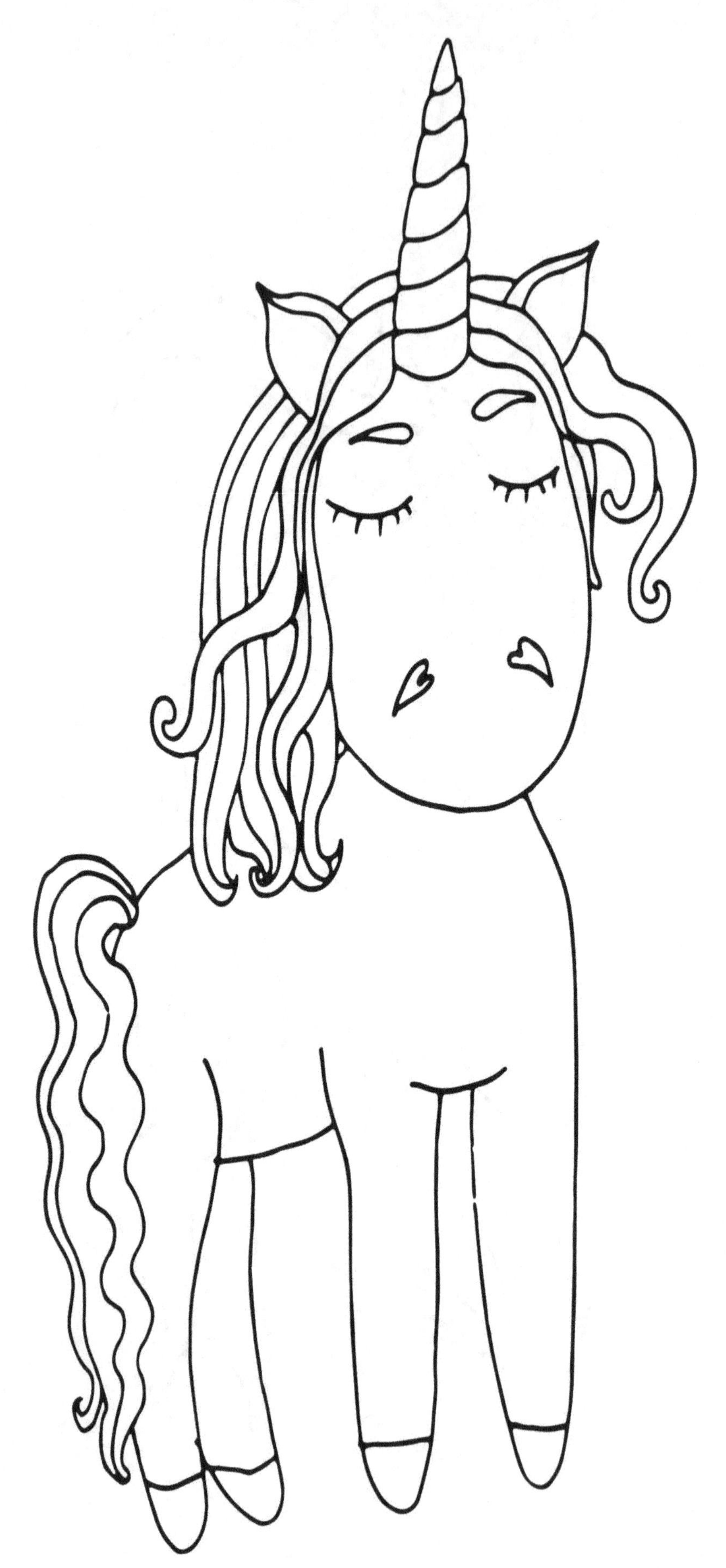

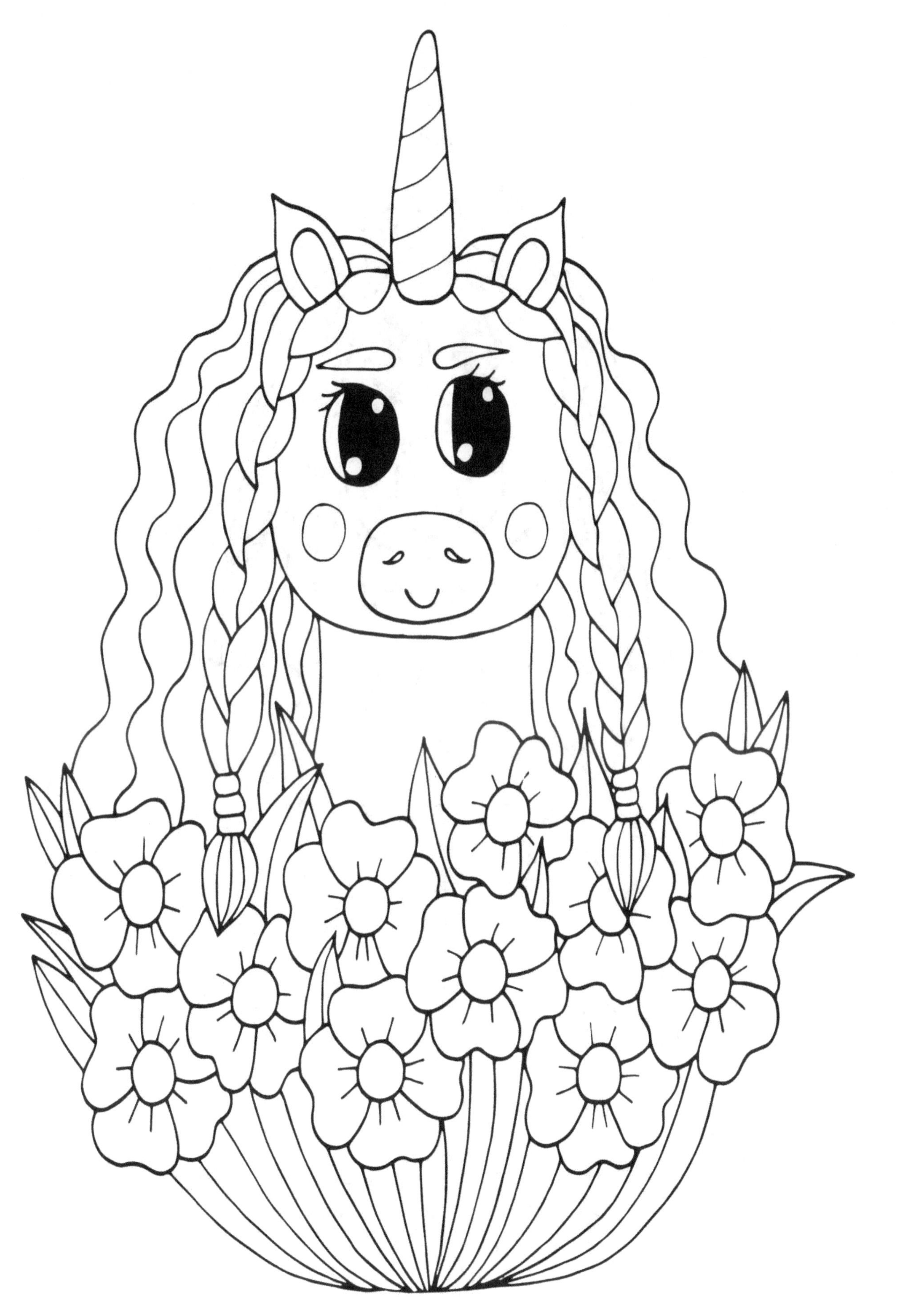

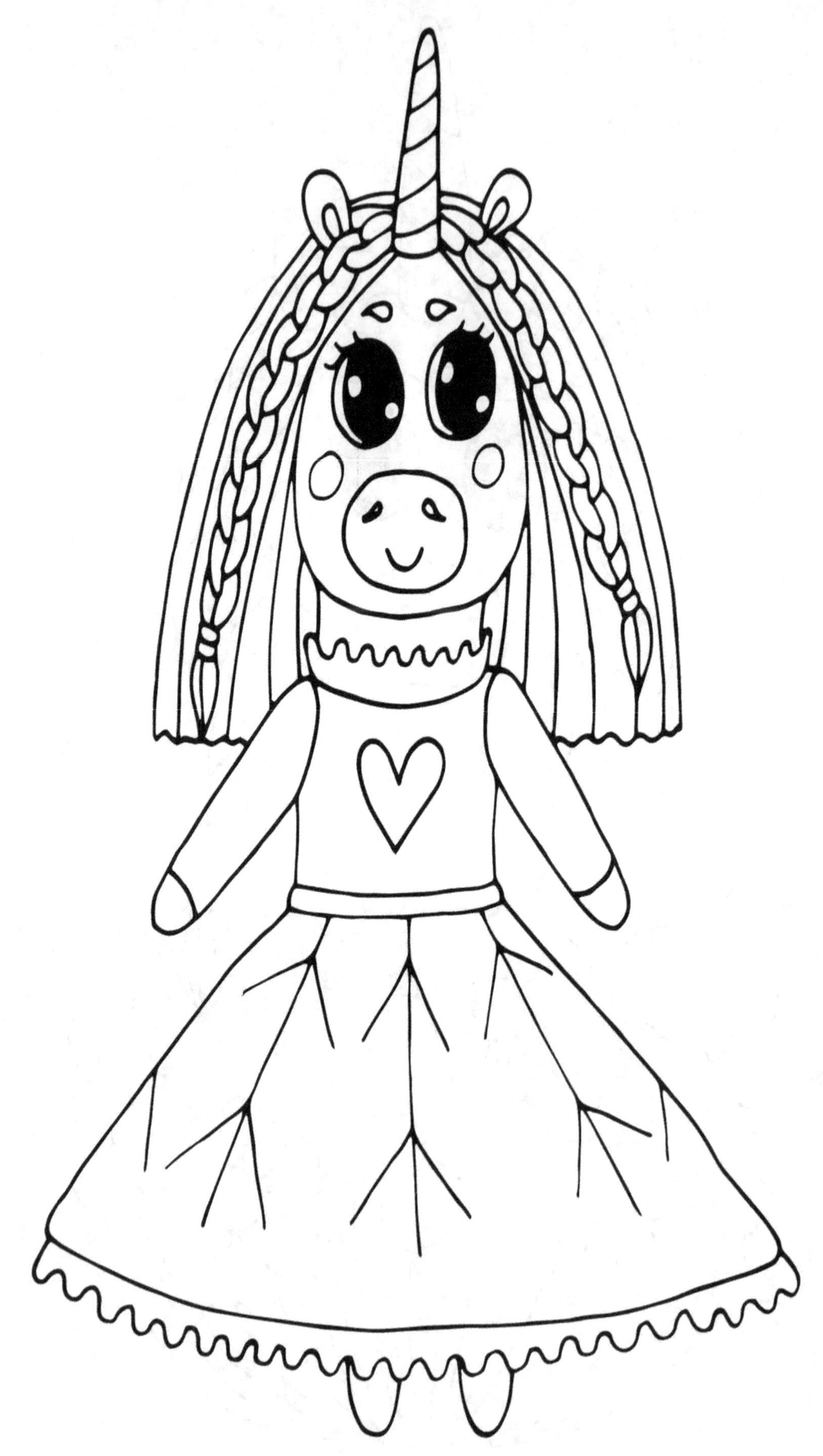

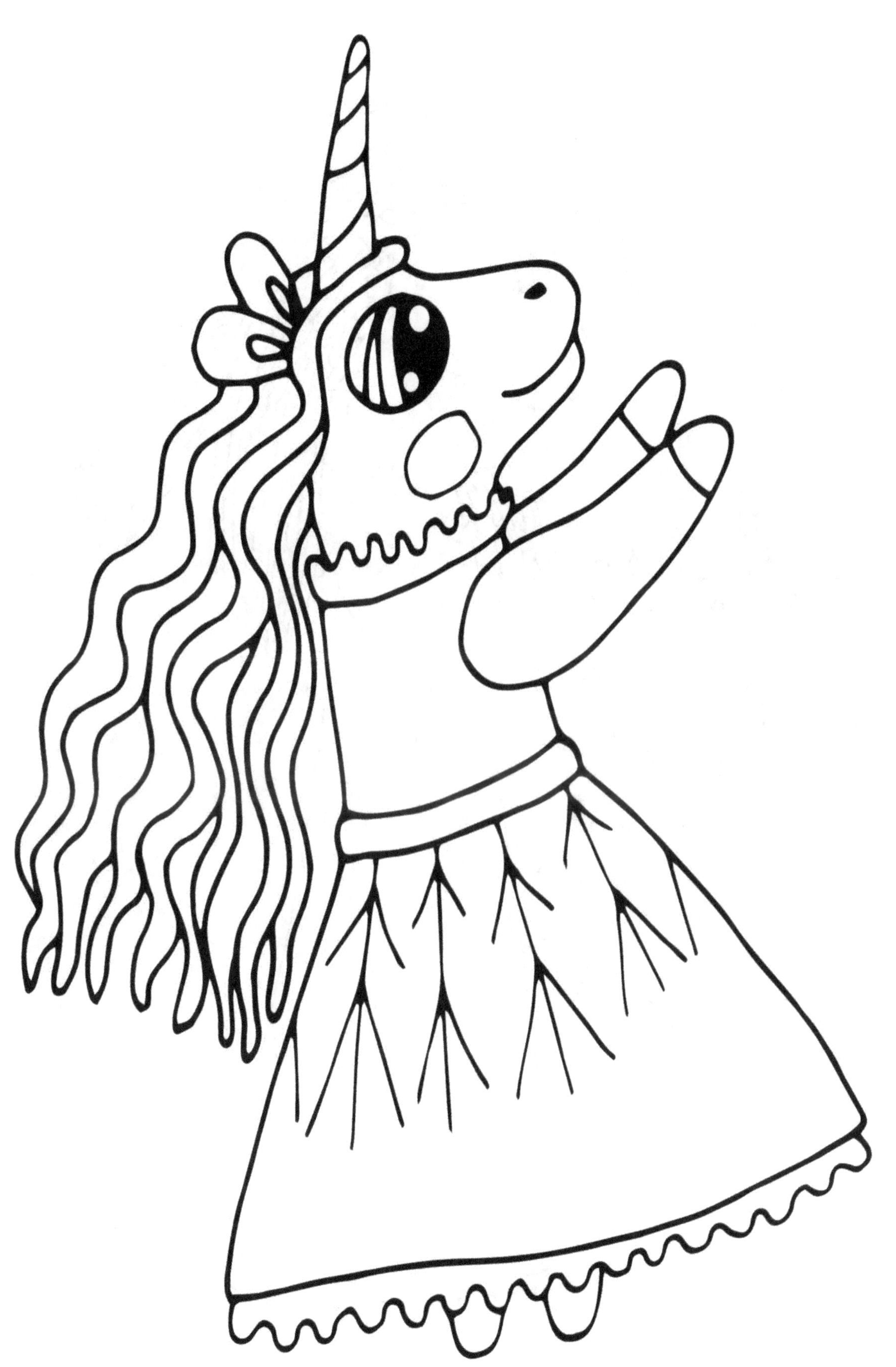

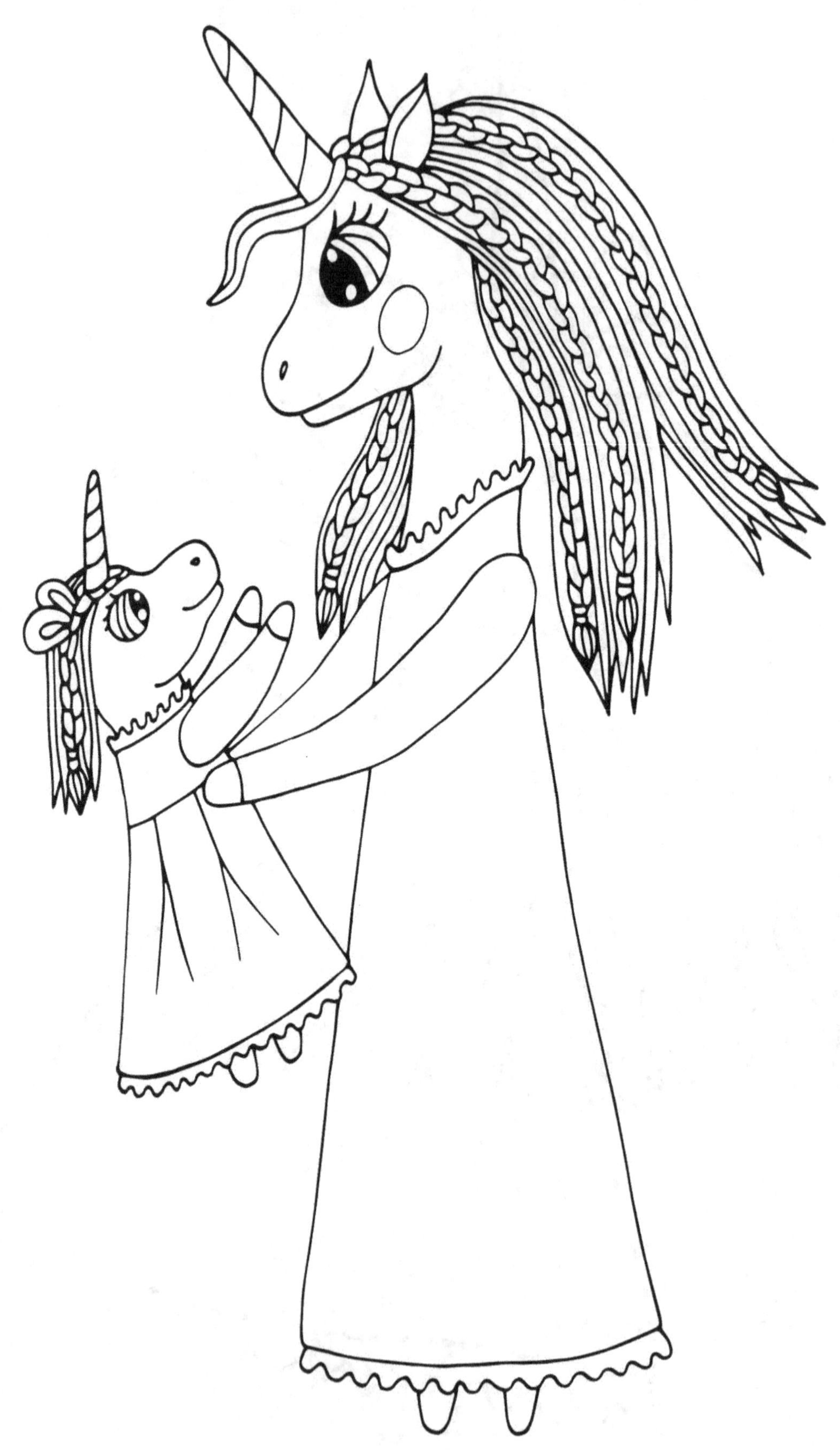

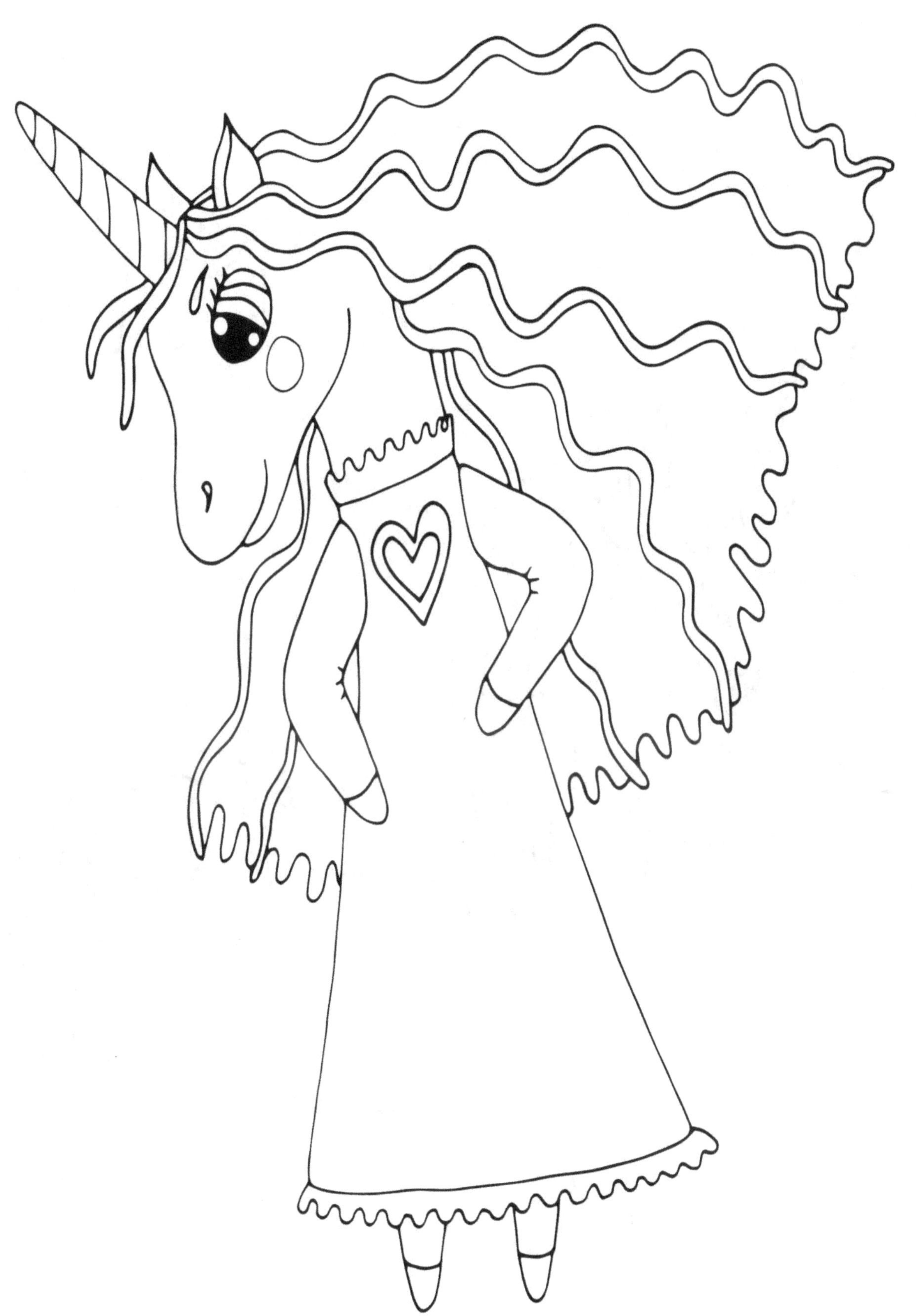

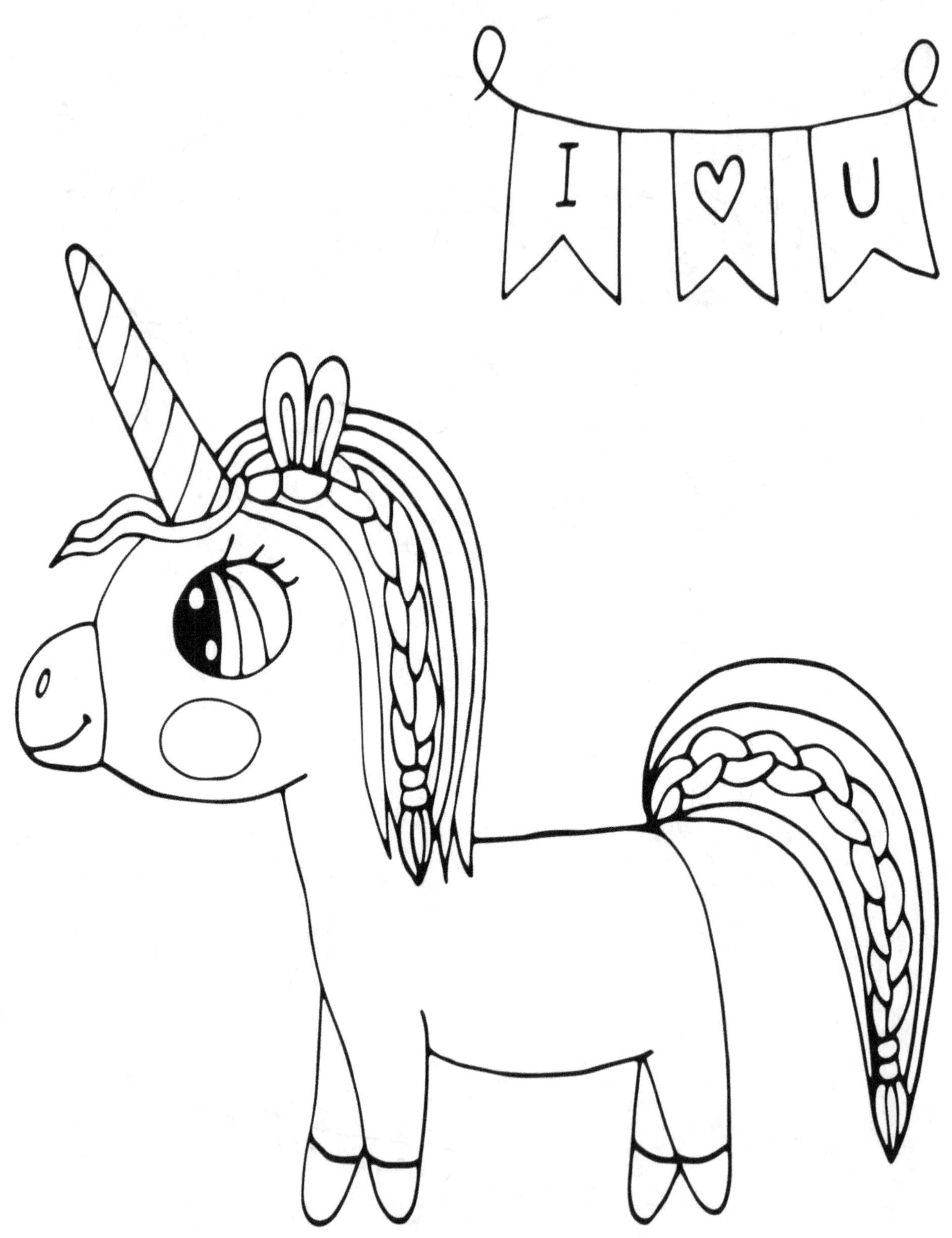
I ♥ U

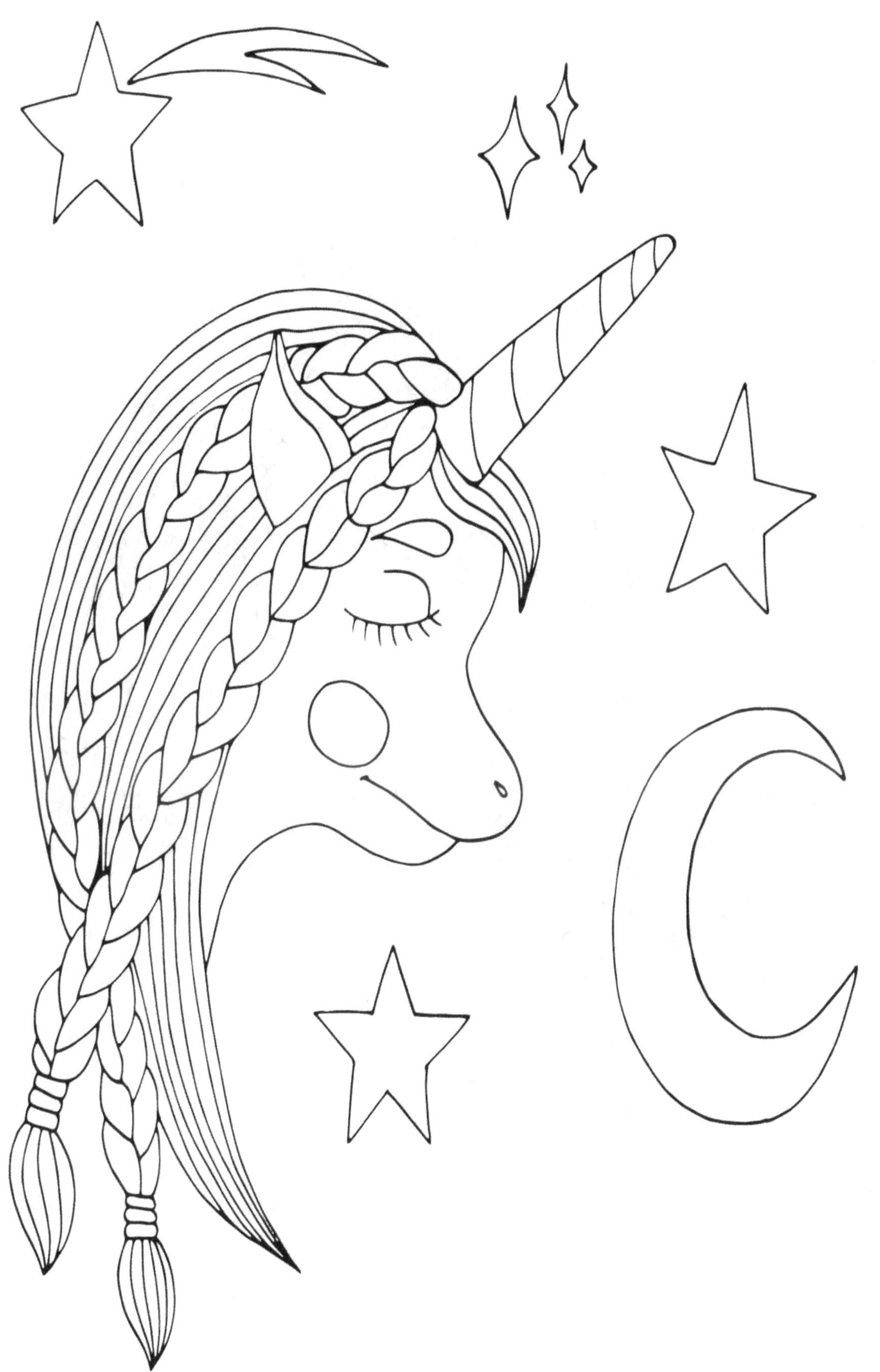

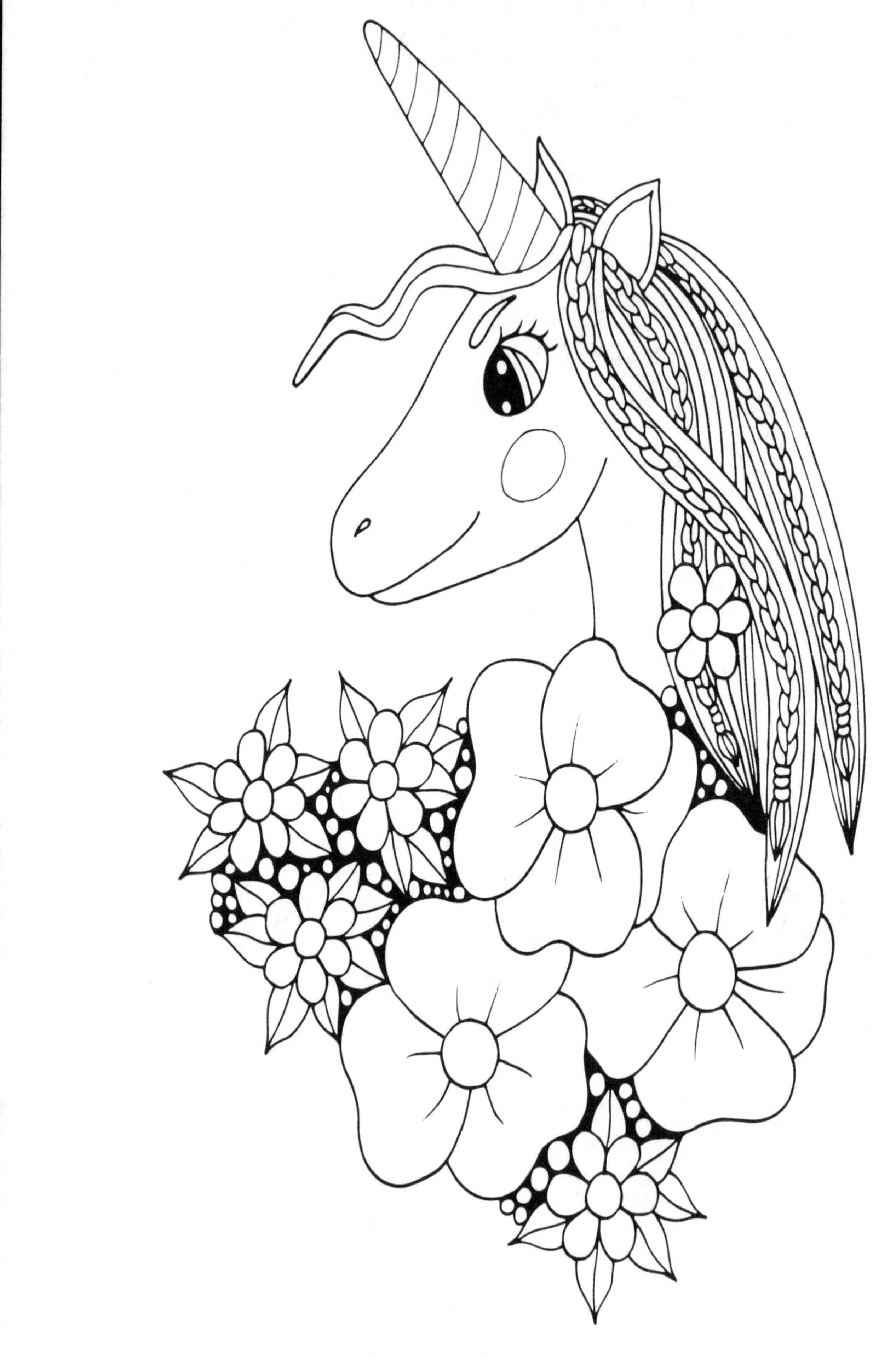

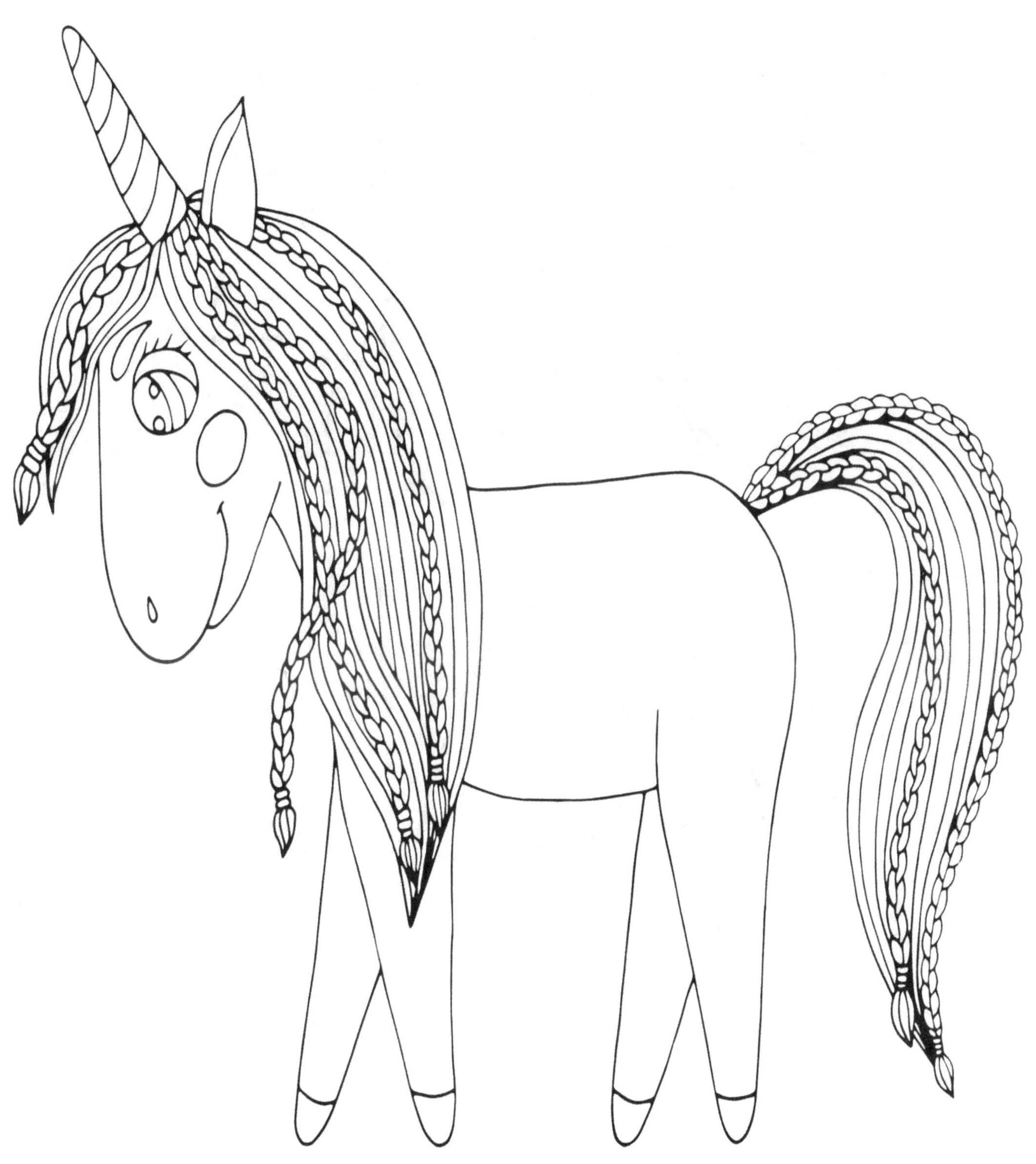

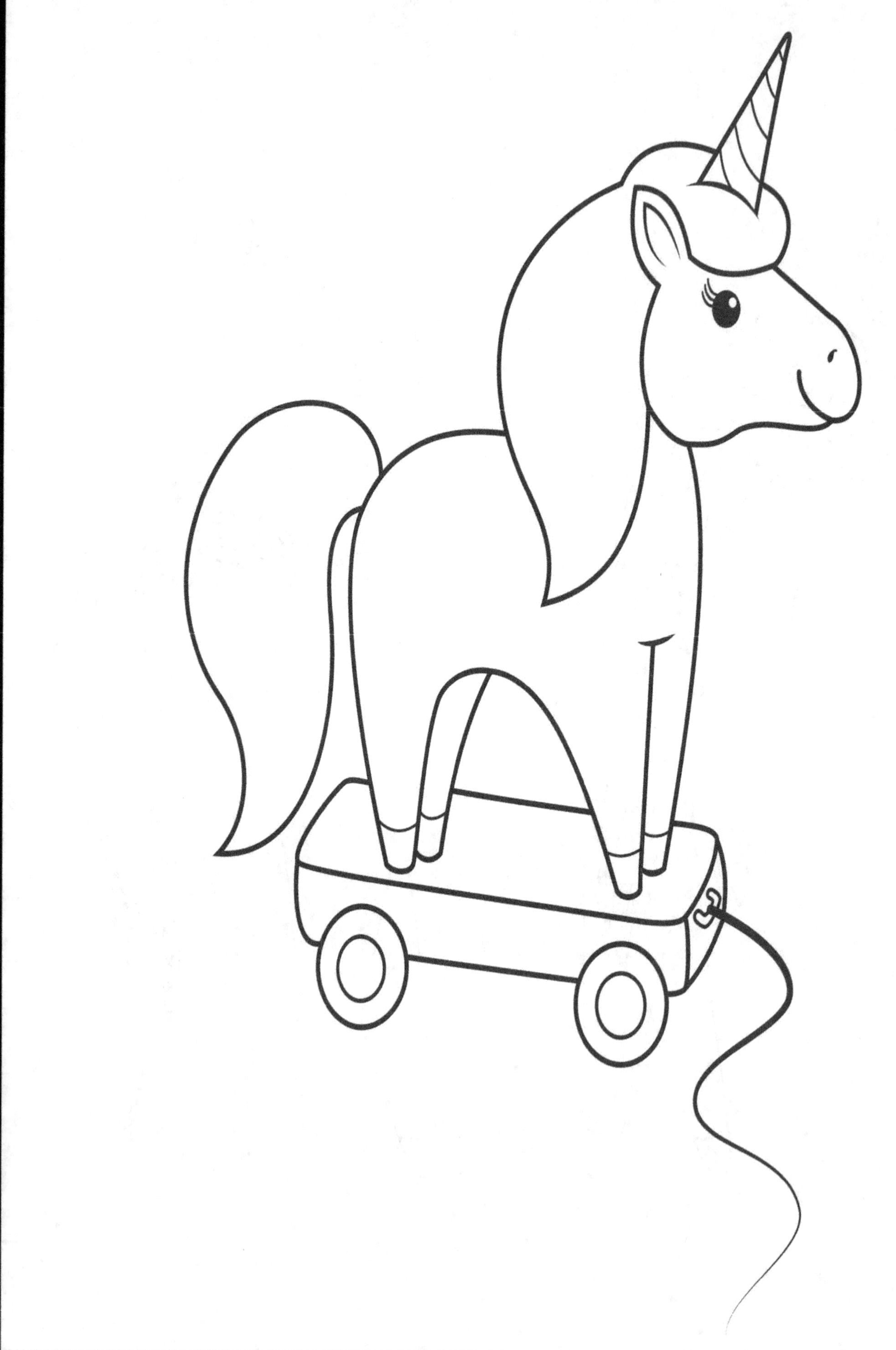

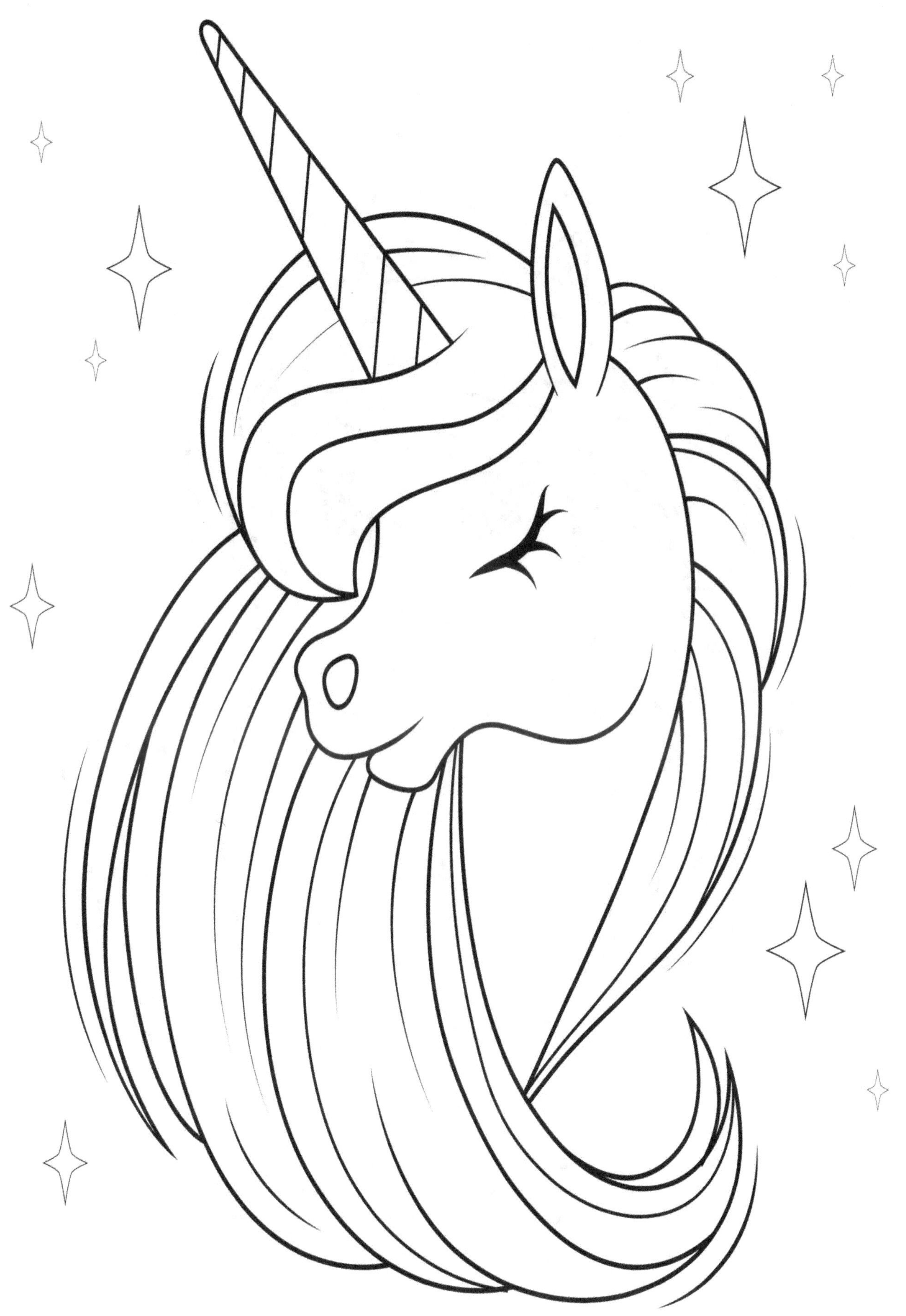

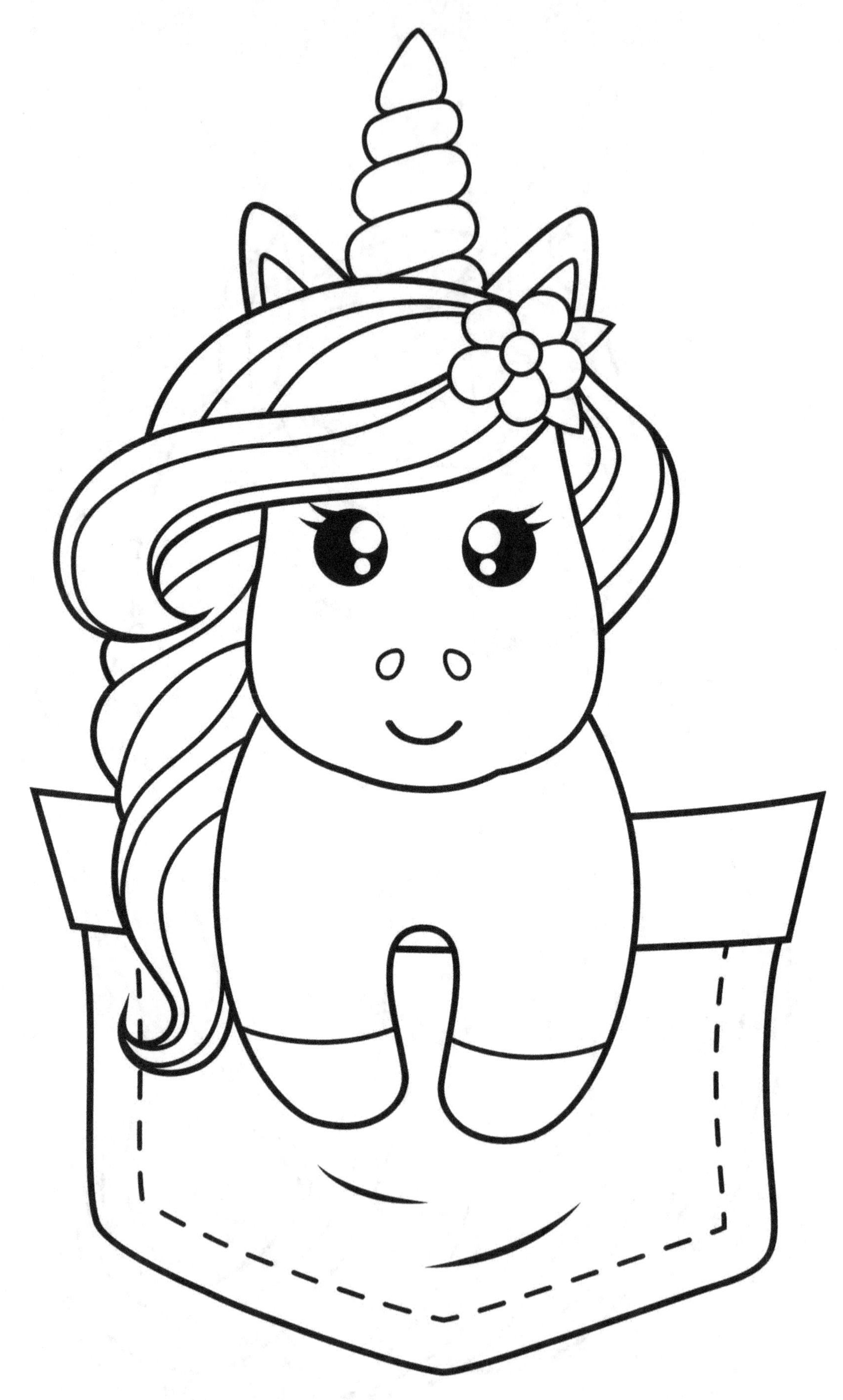

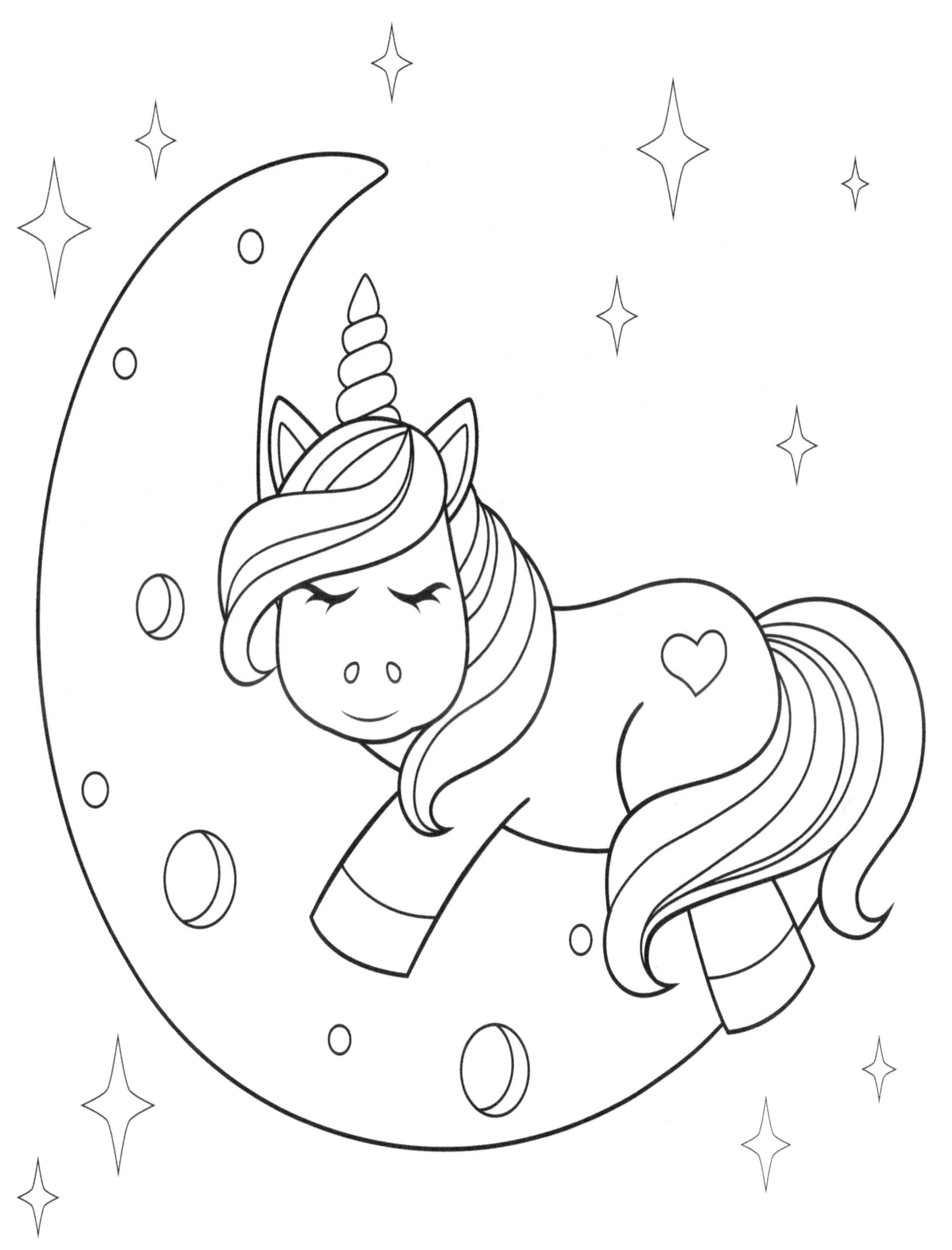

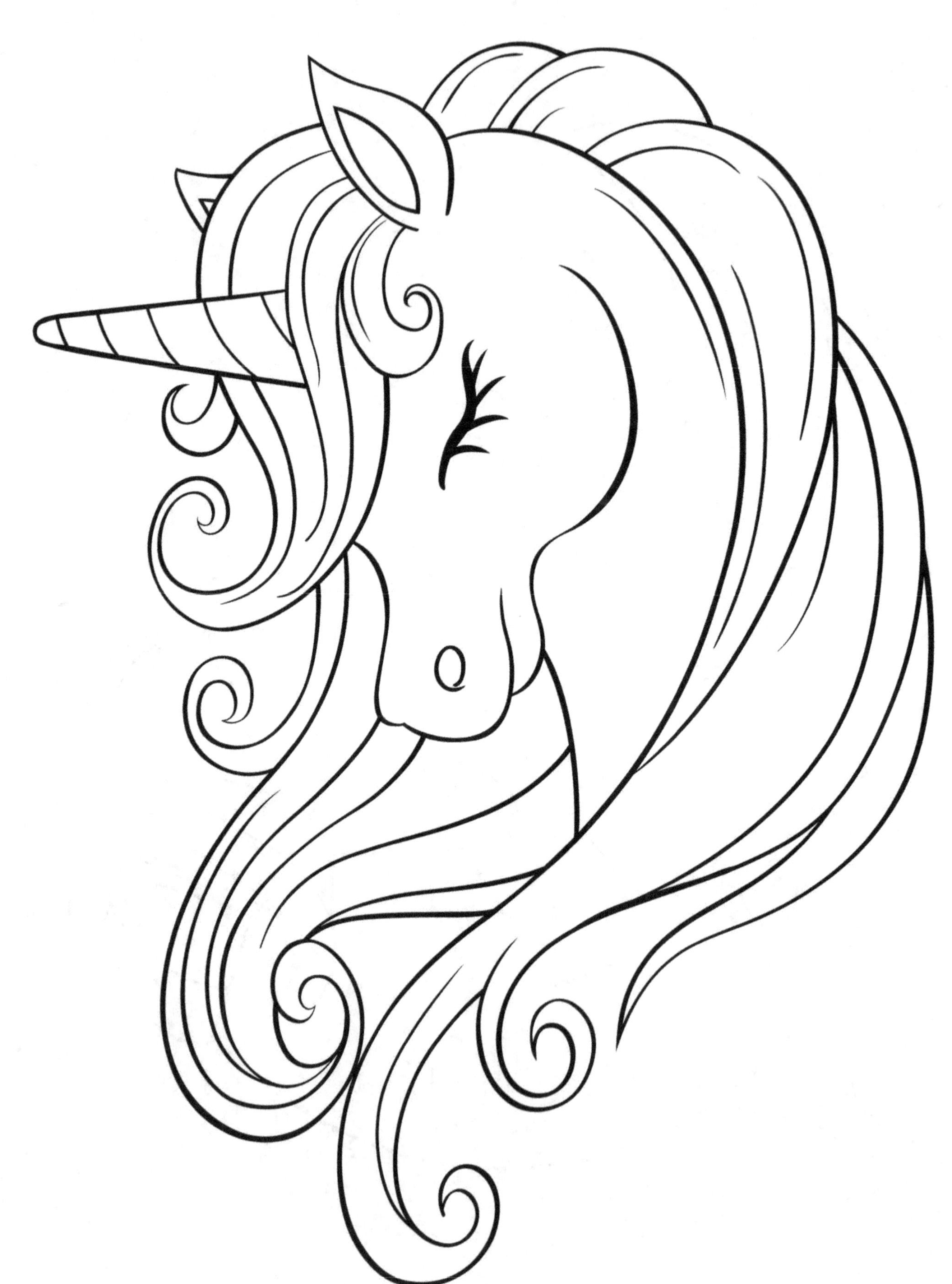

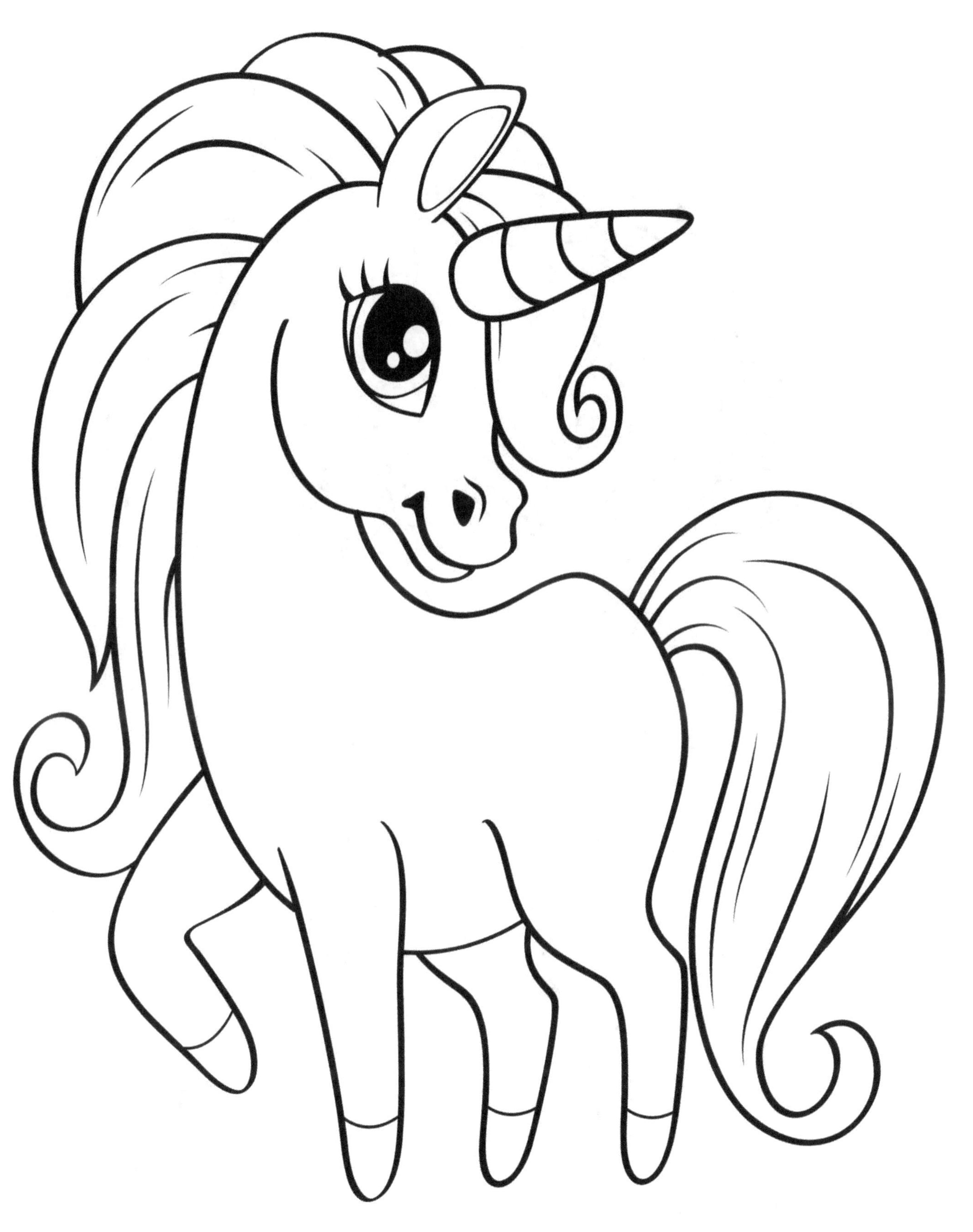

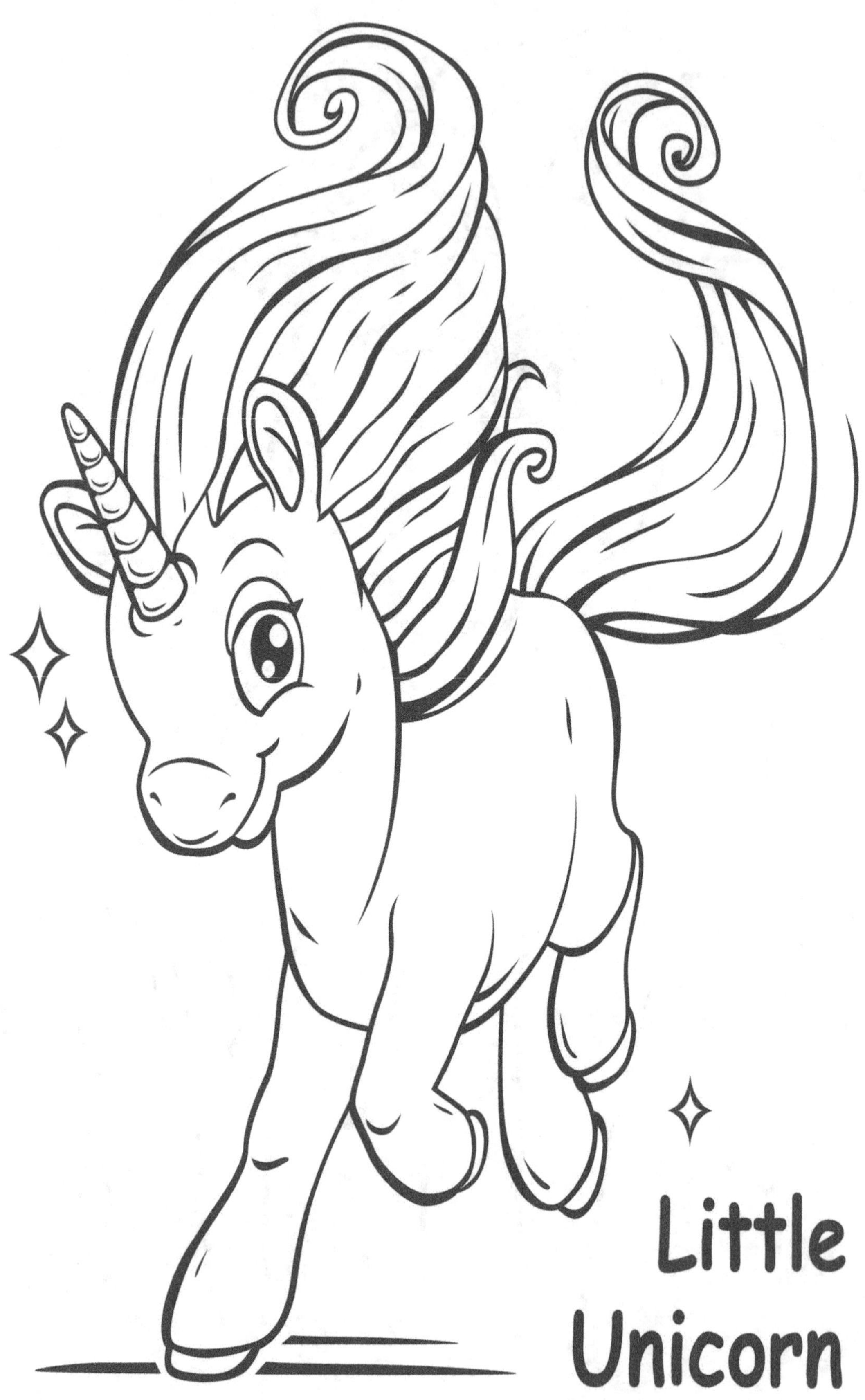

Little
Unicorn

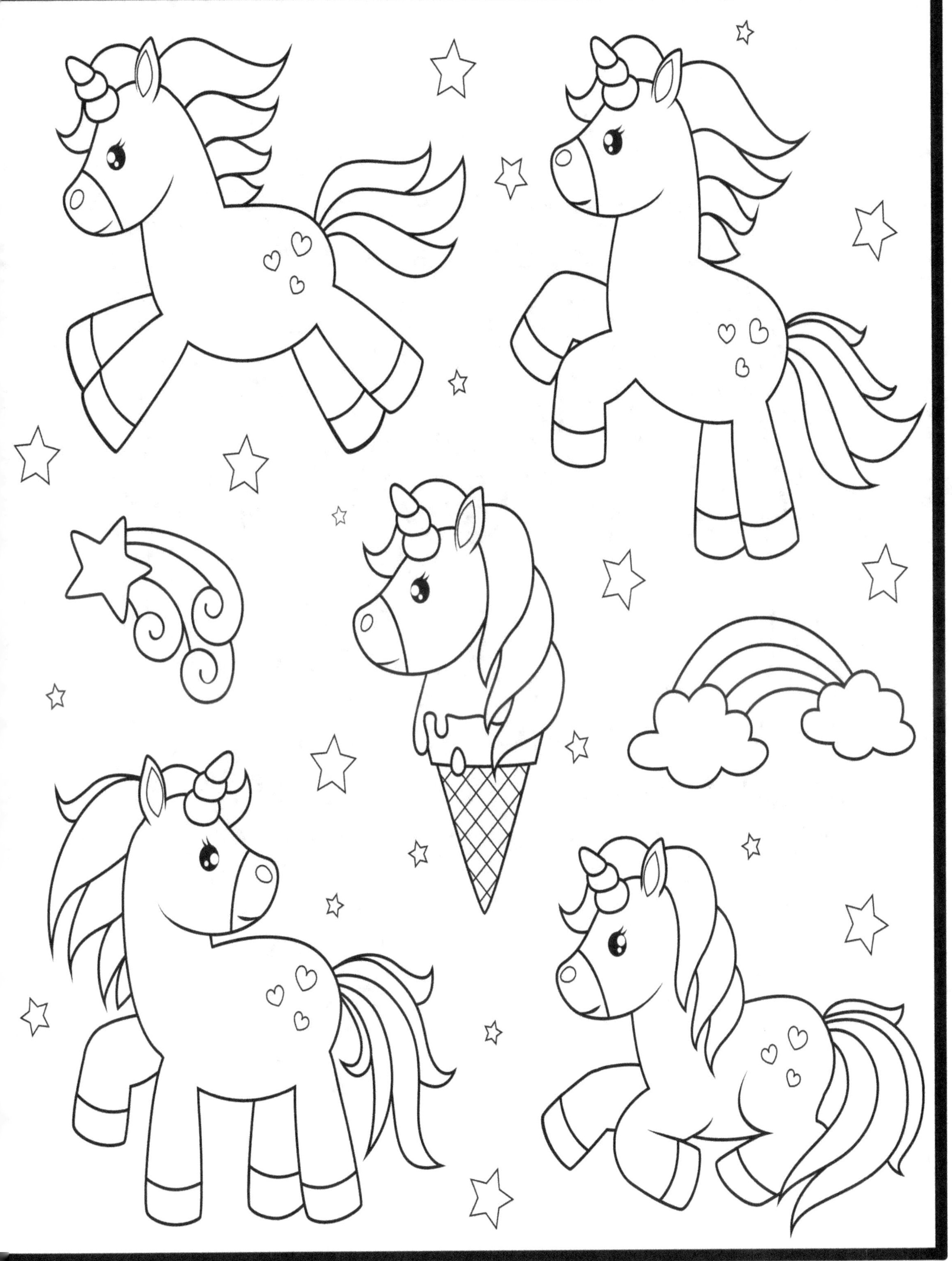

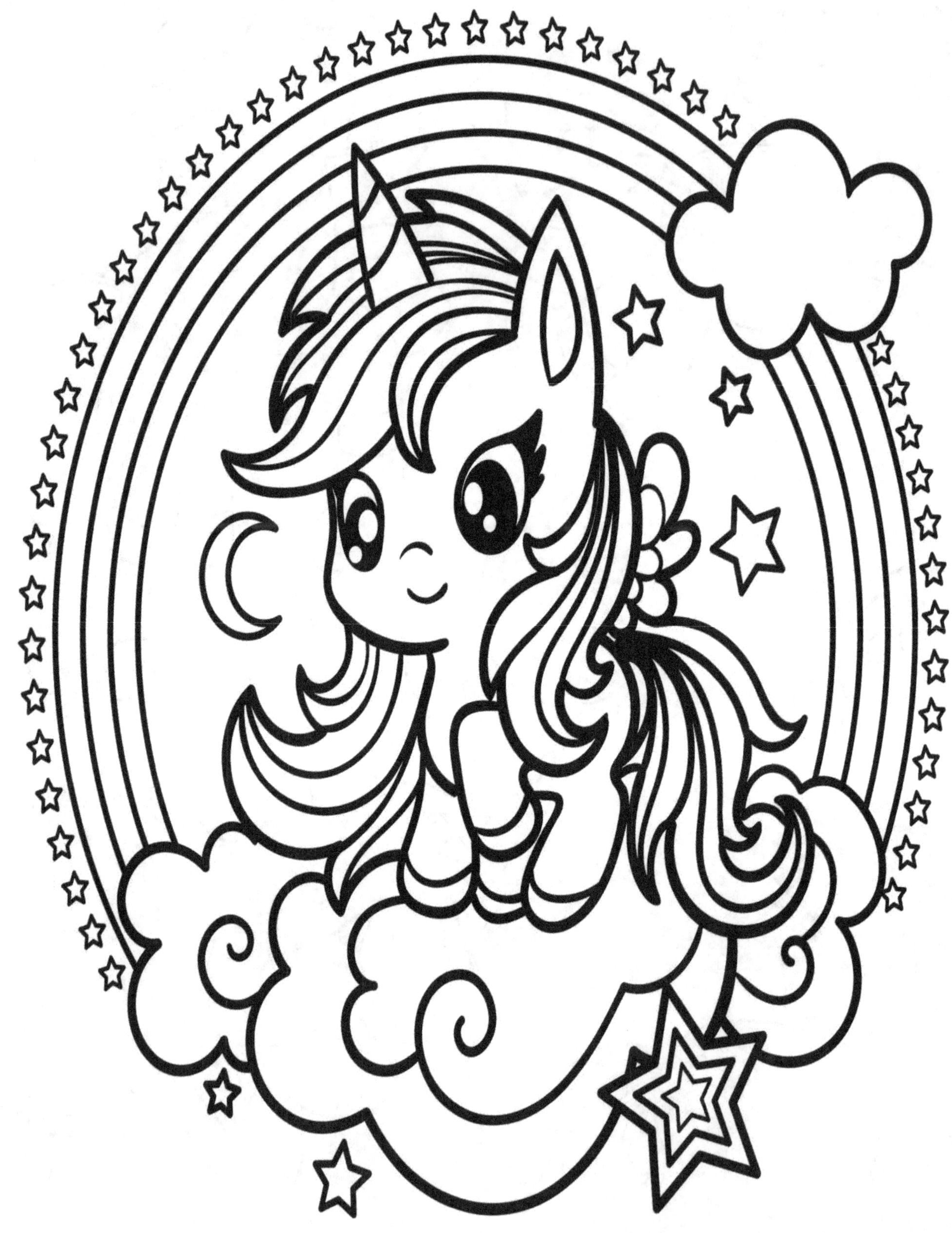

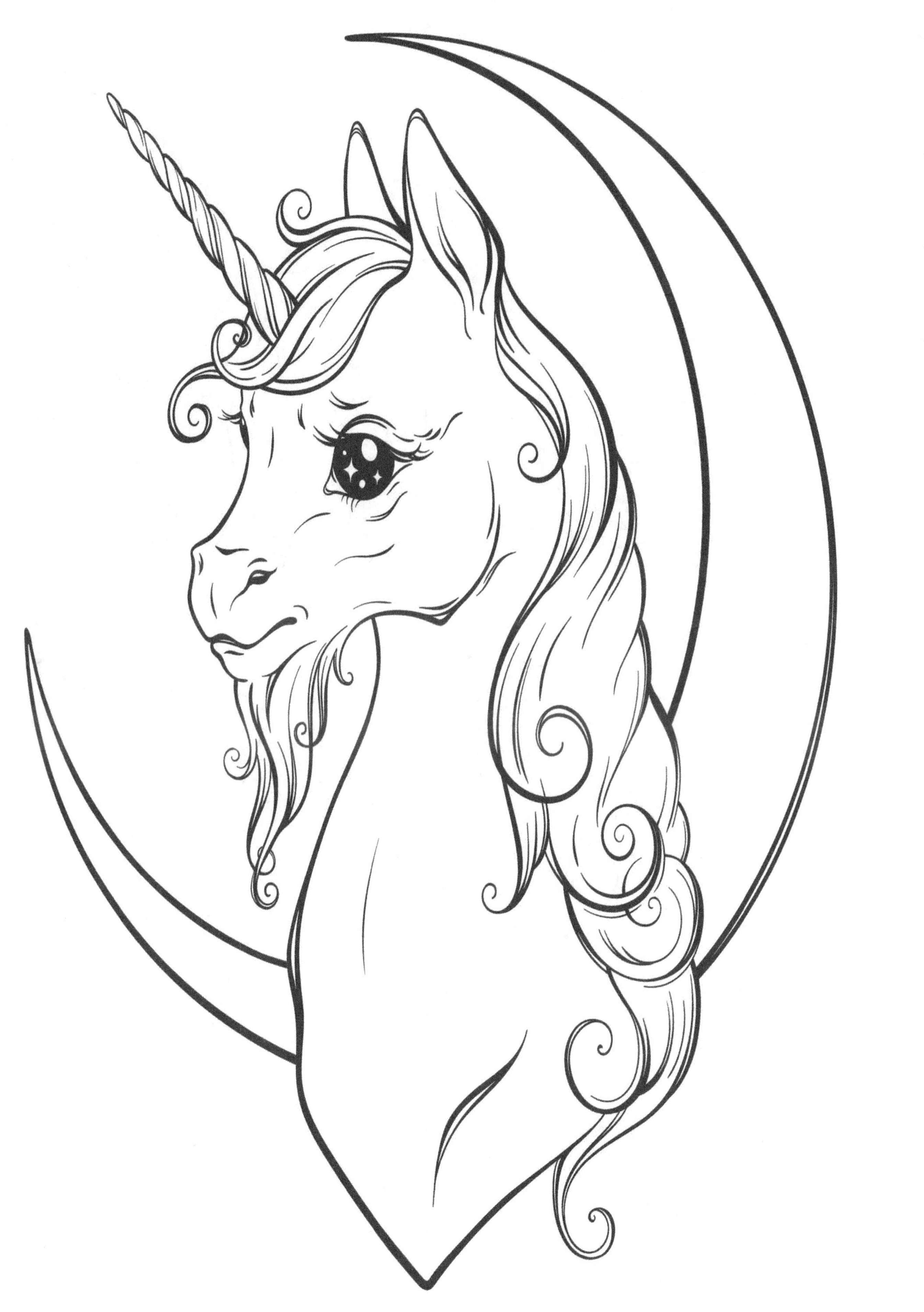

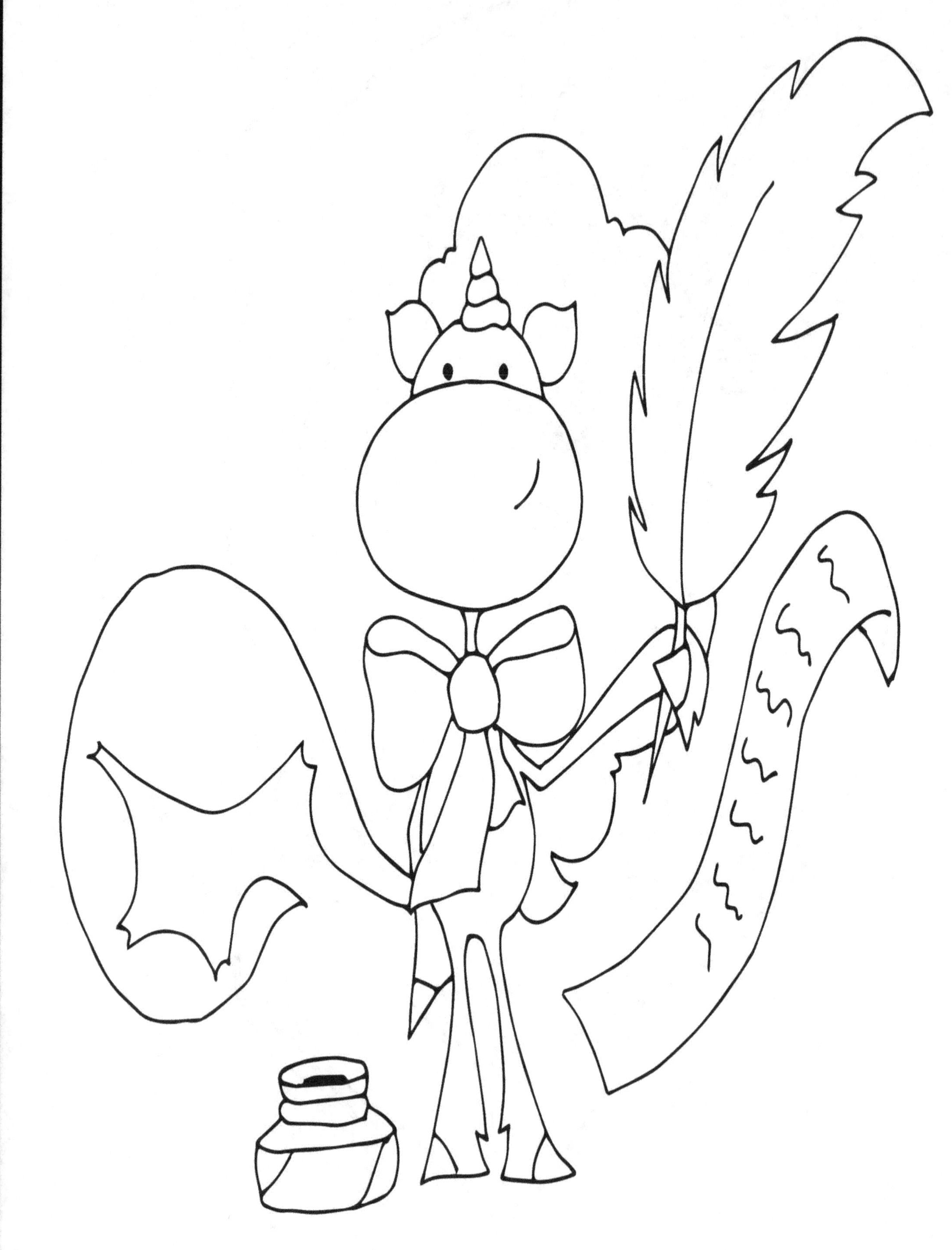

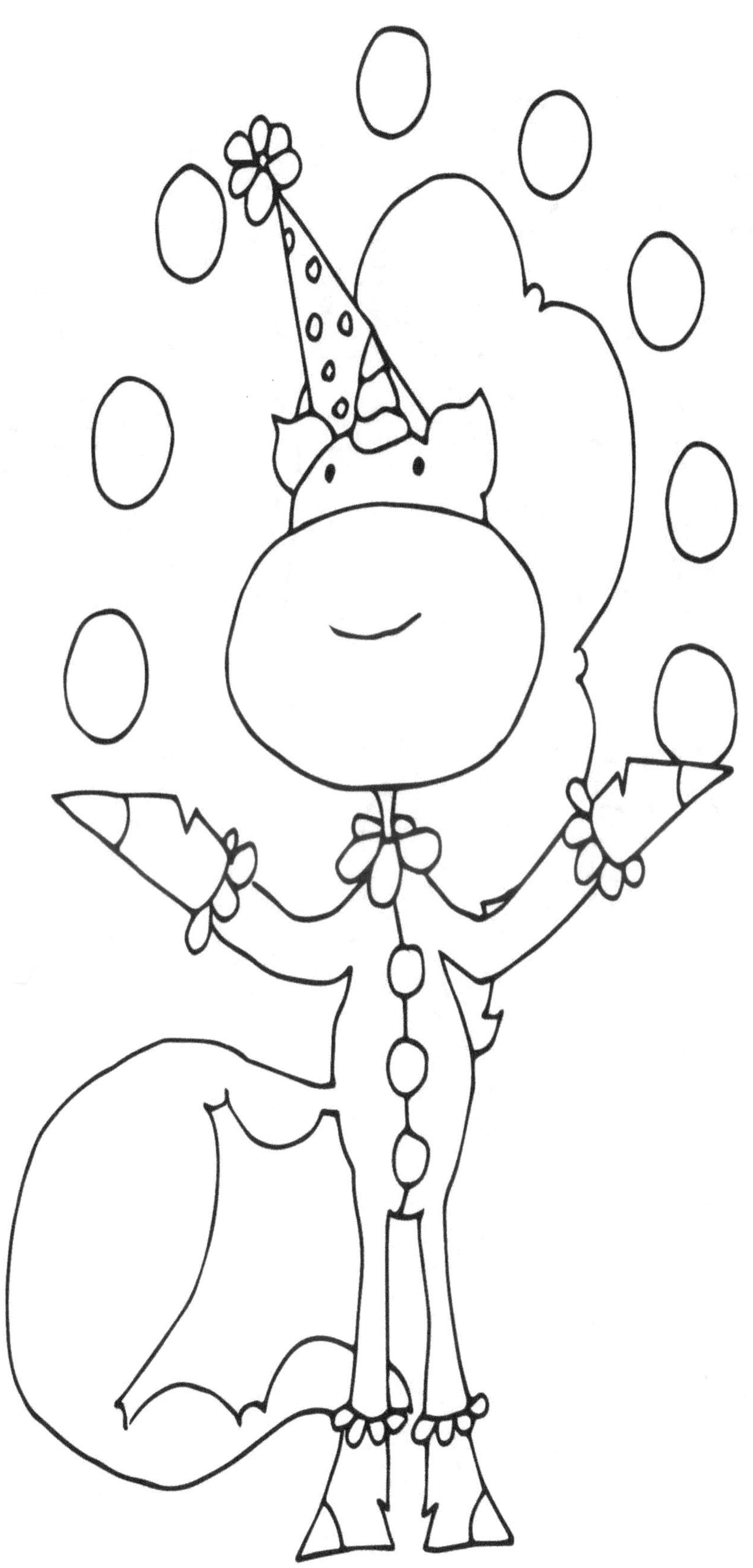

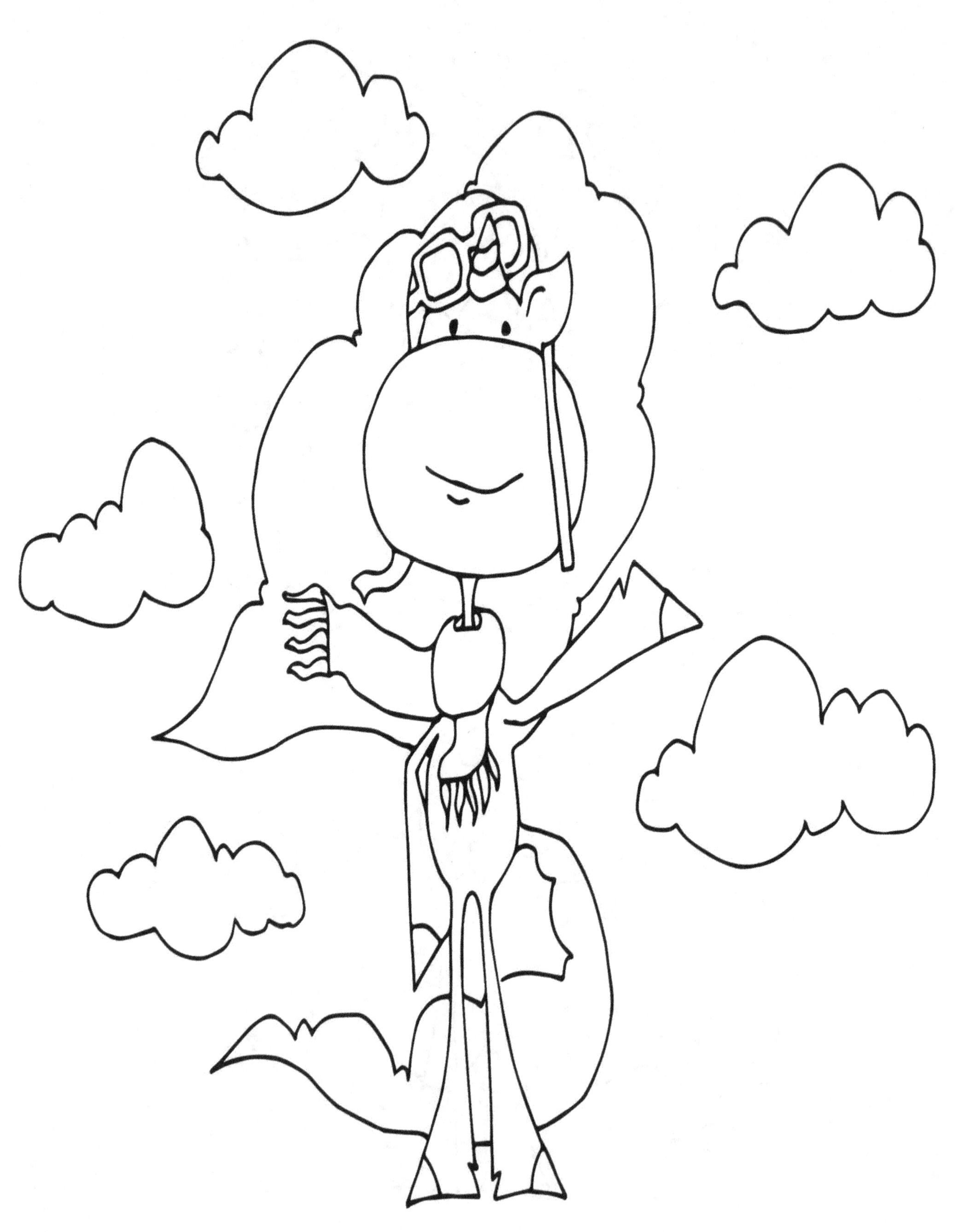

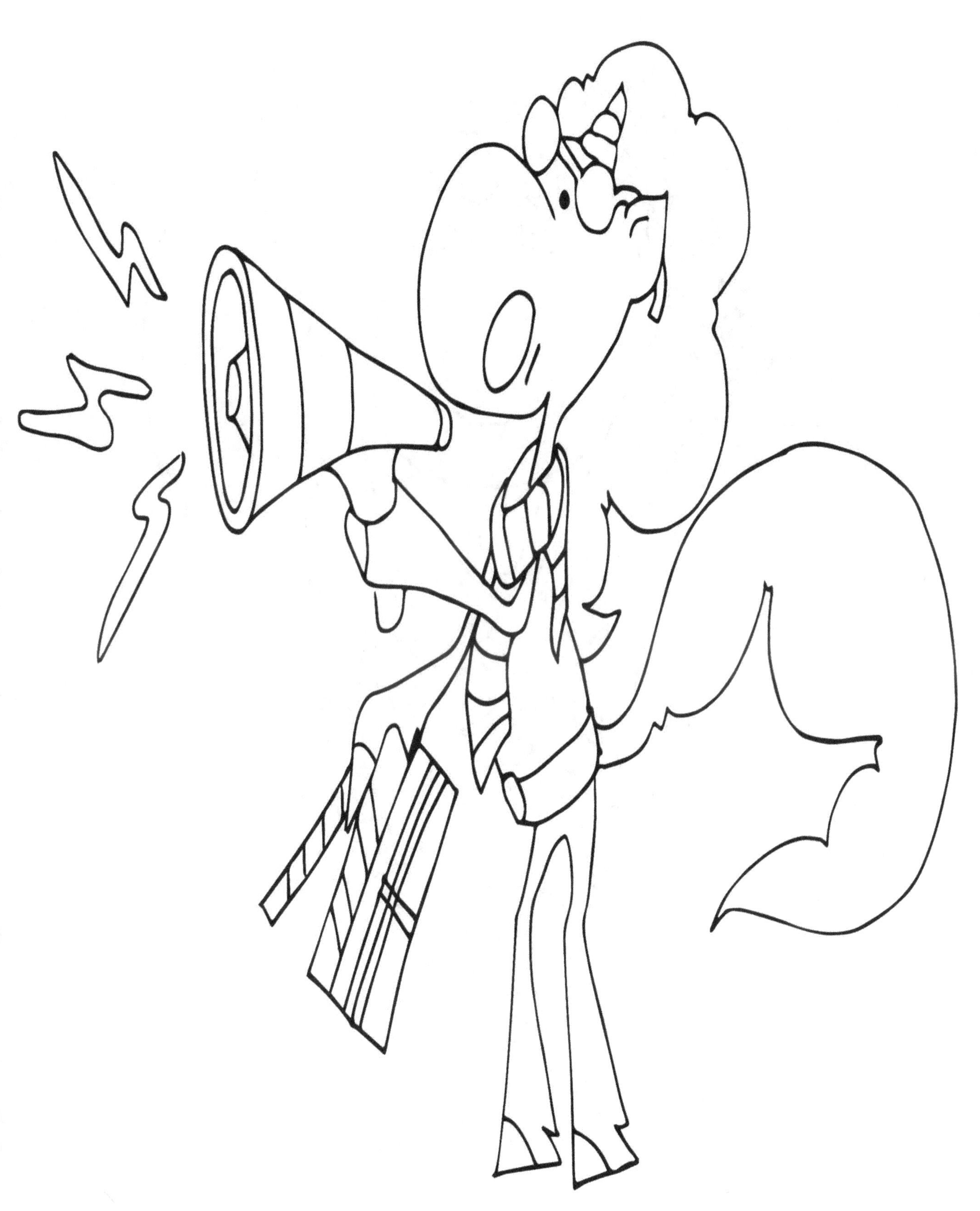

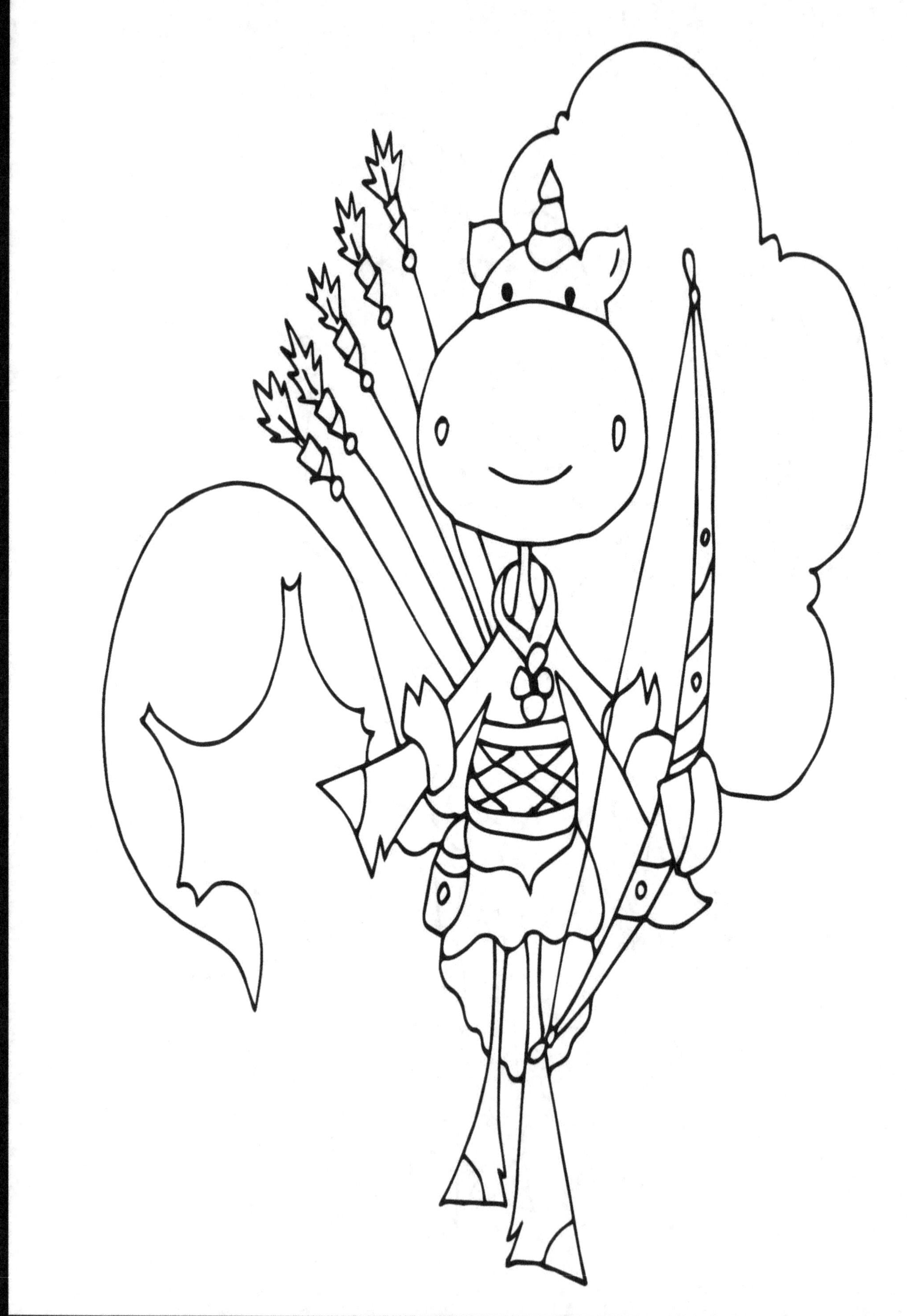

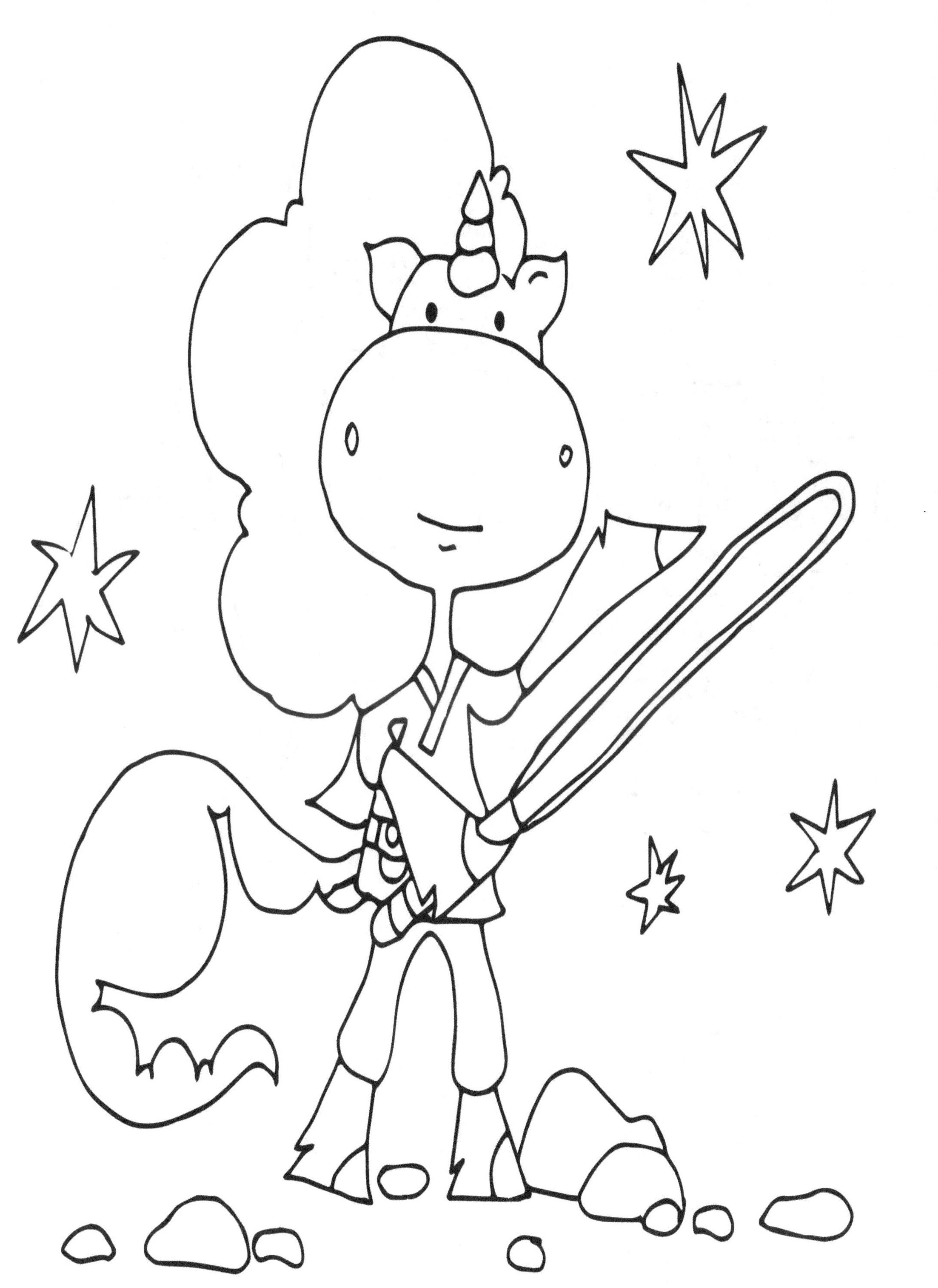

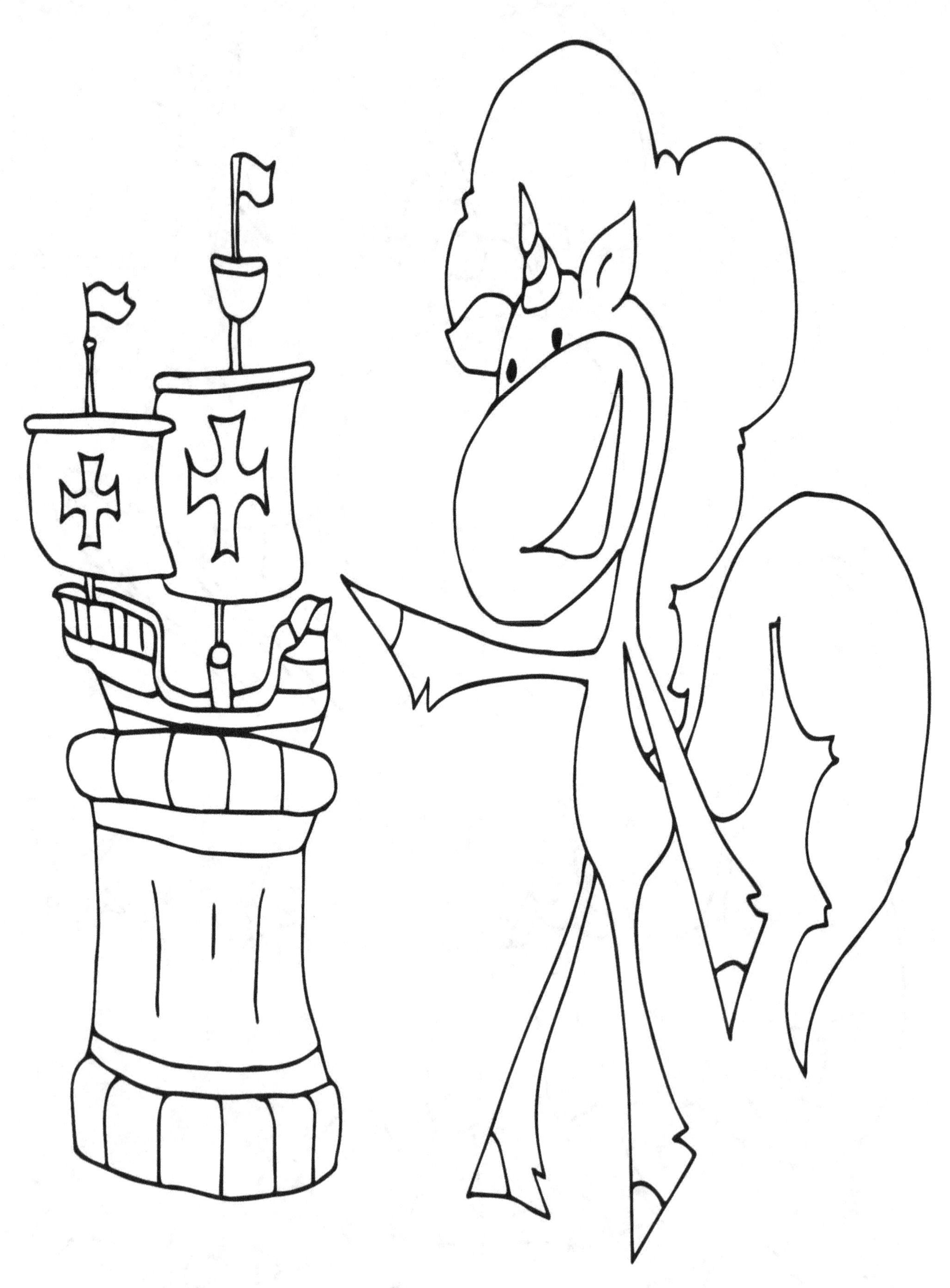

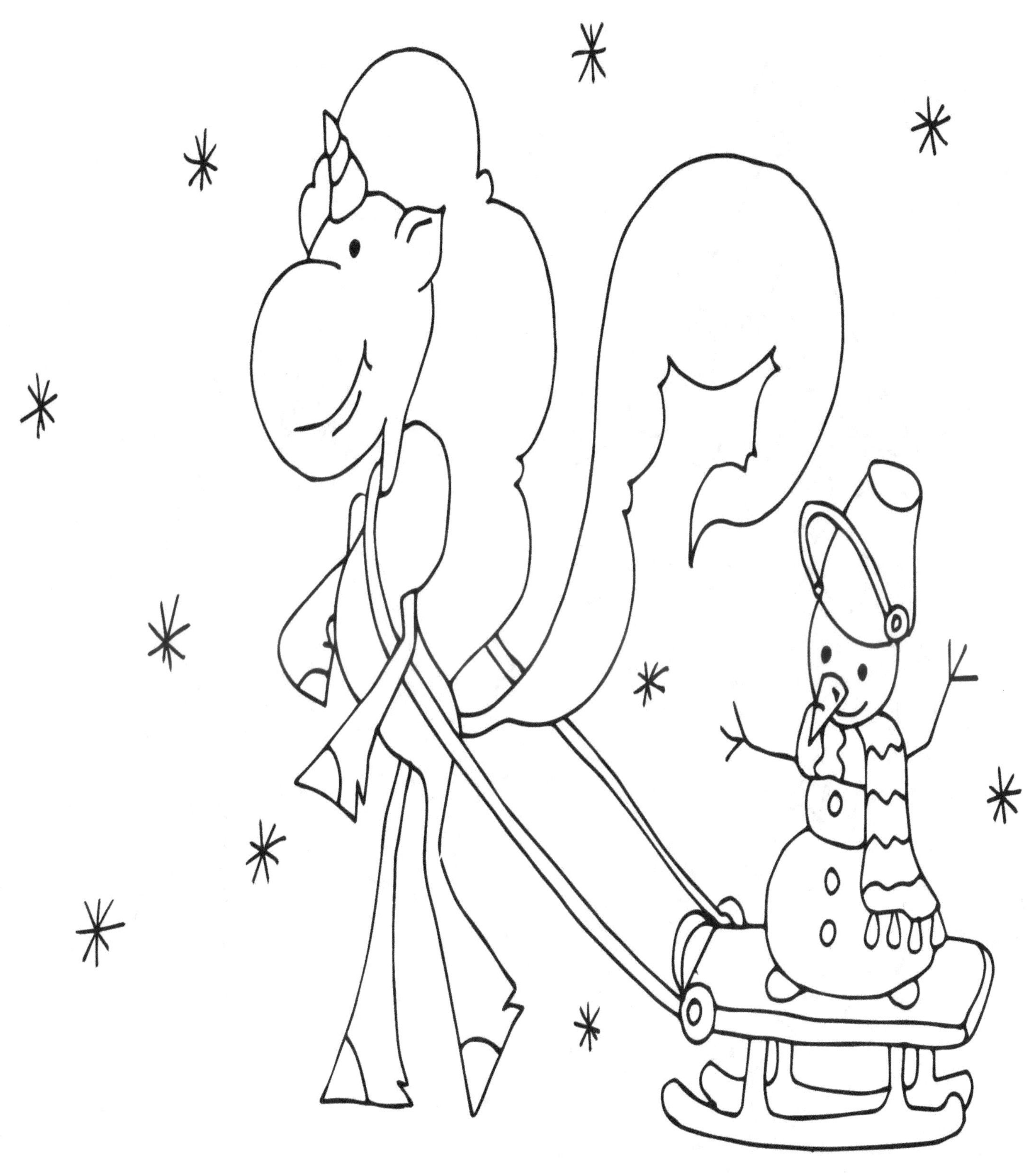

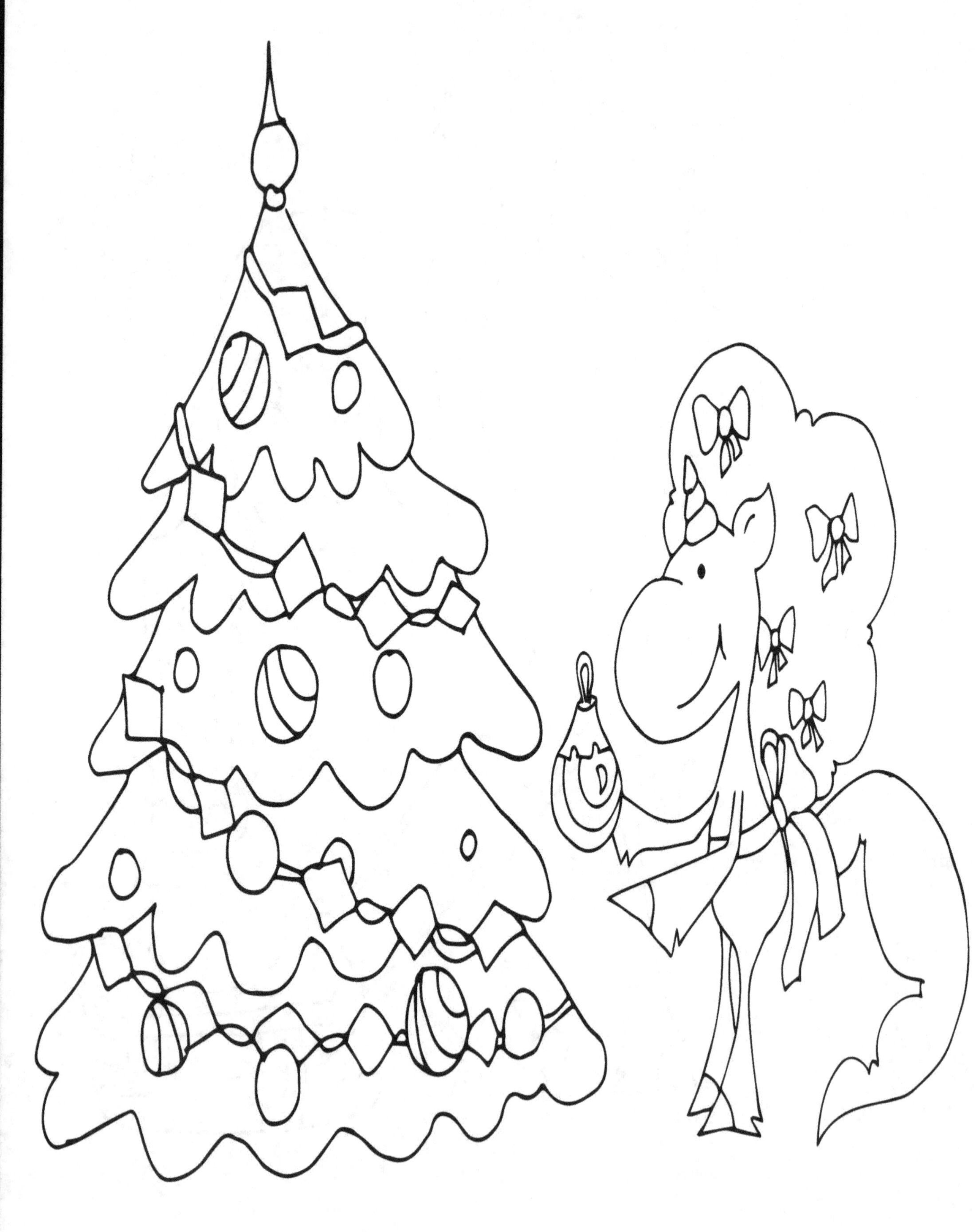

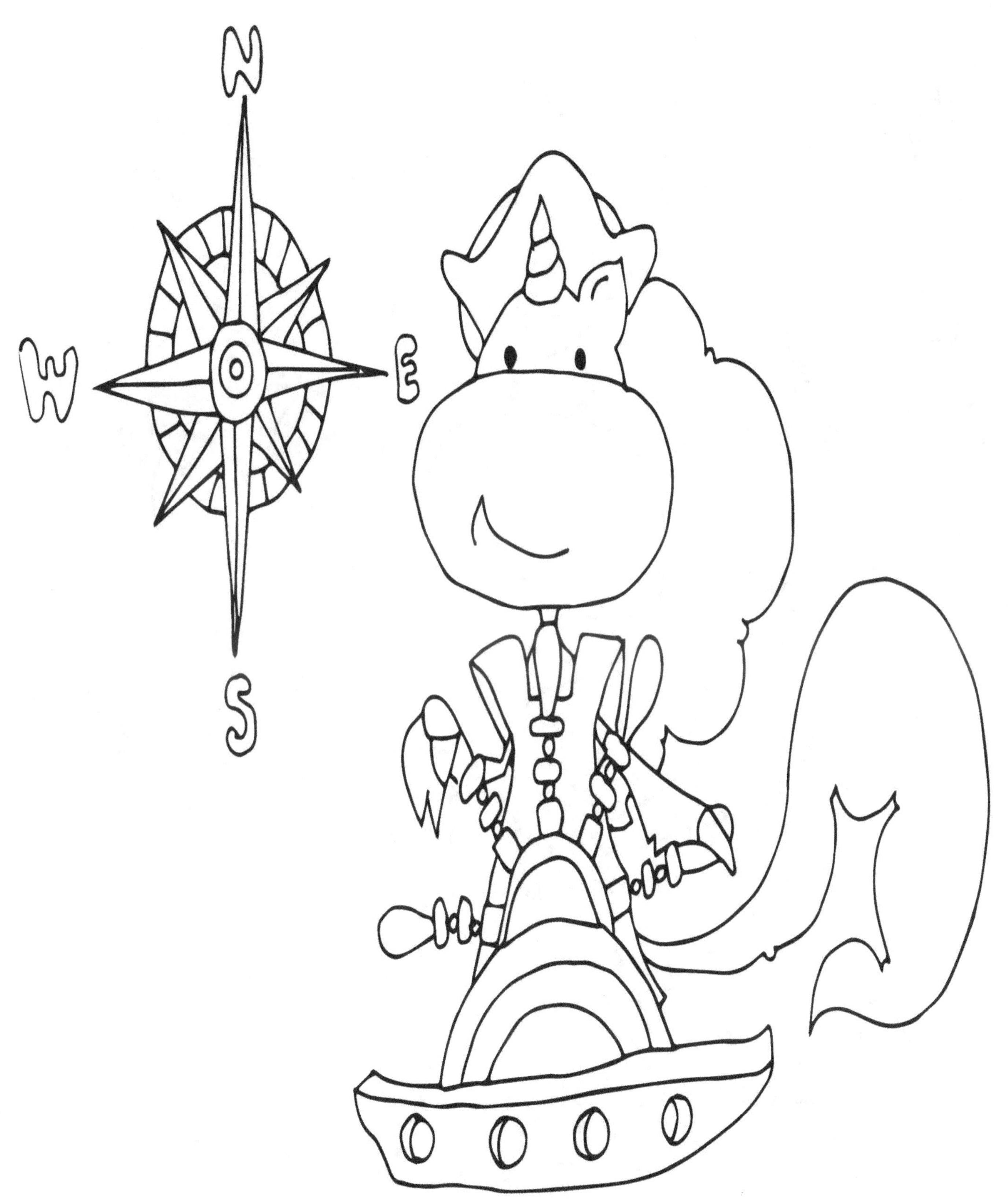
N
W
E
S

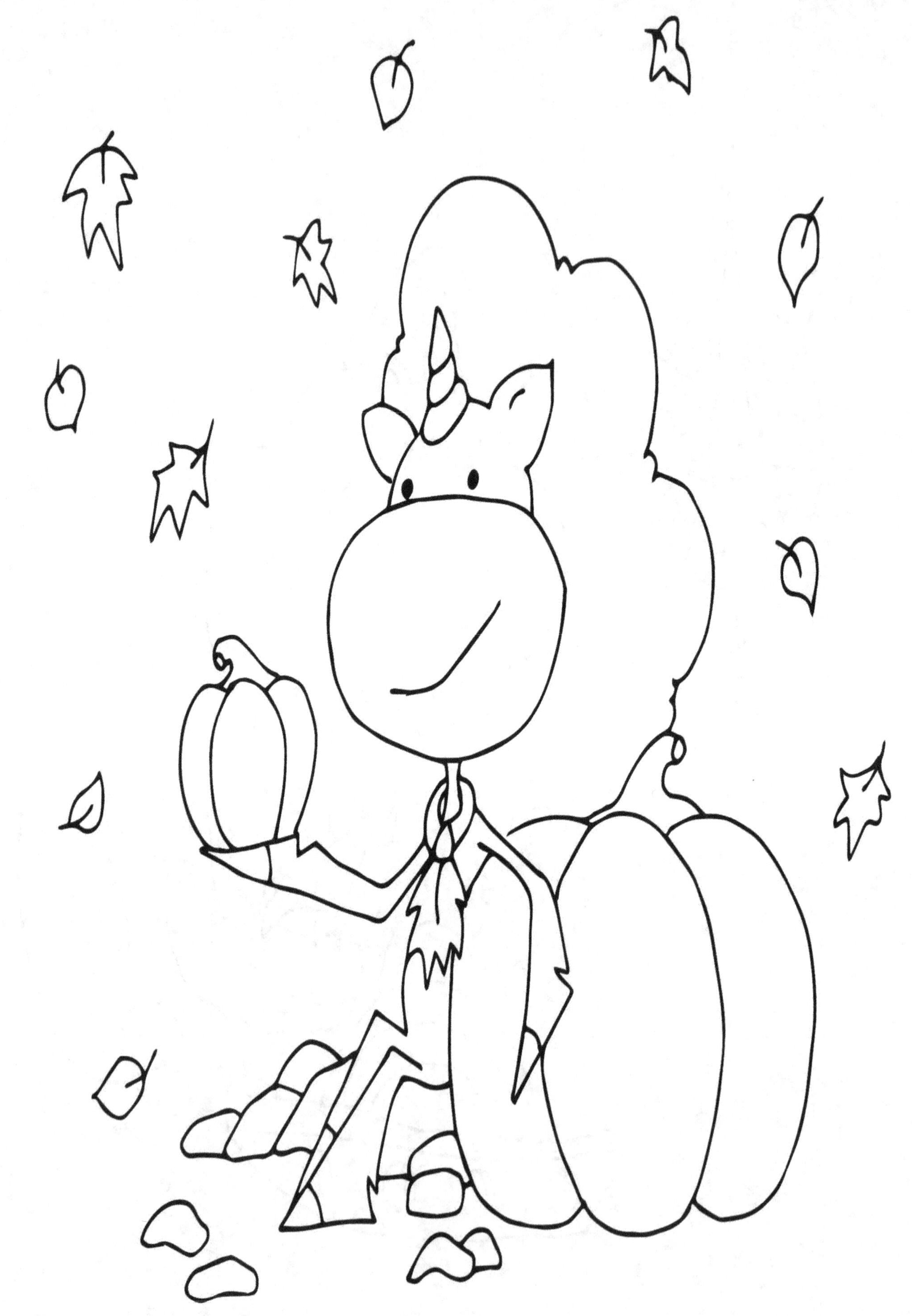

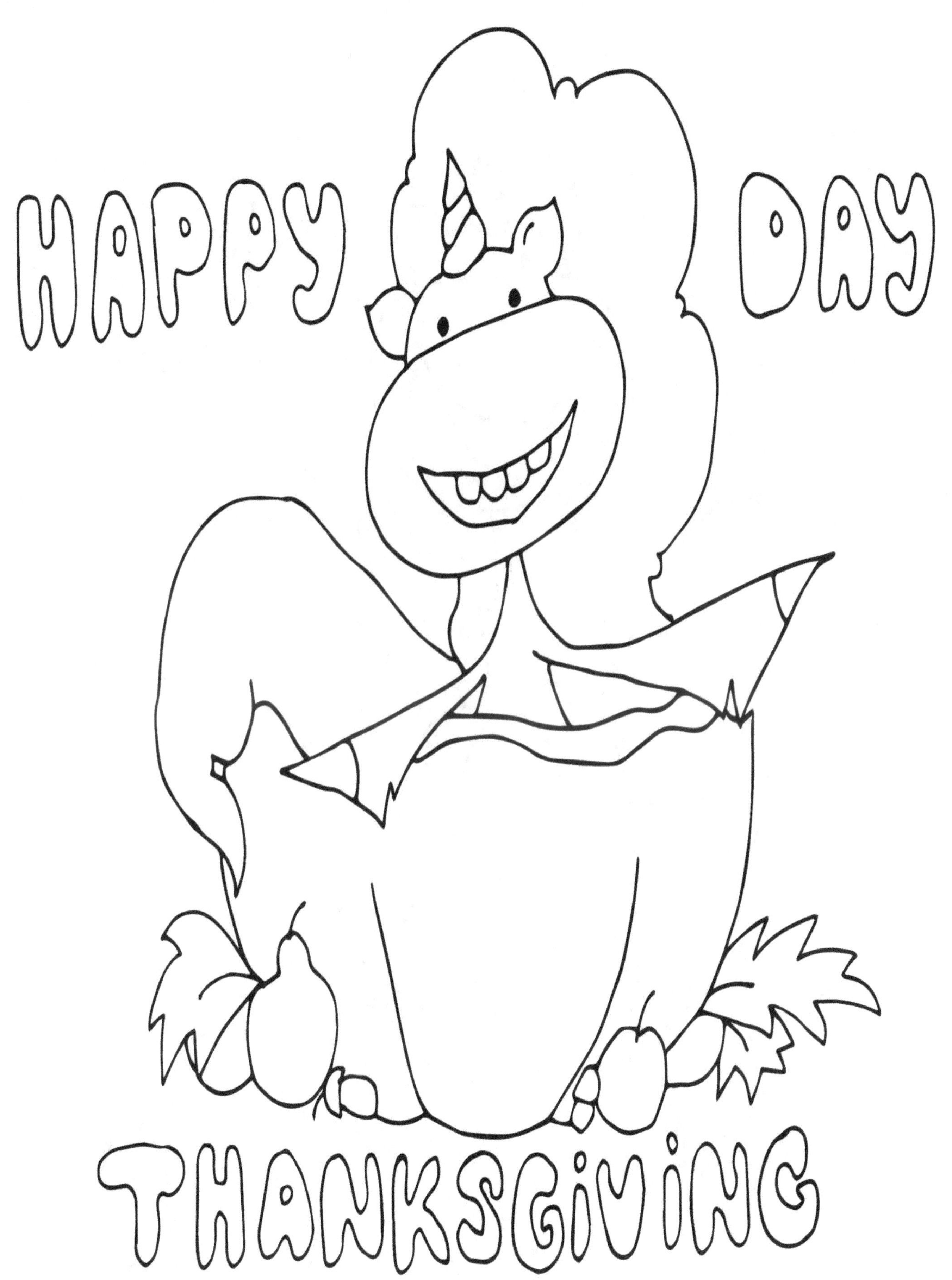

HAPPY DAY
THANKSGIVING

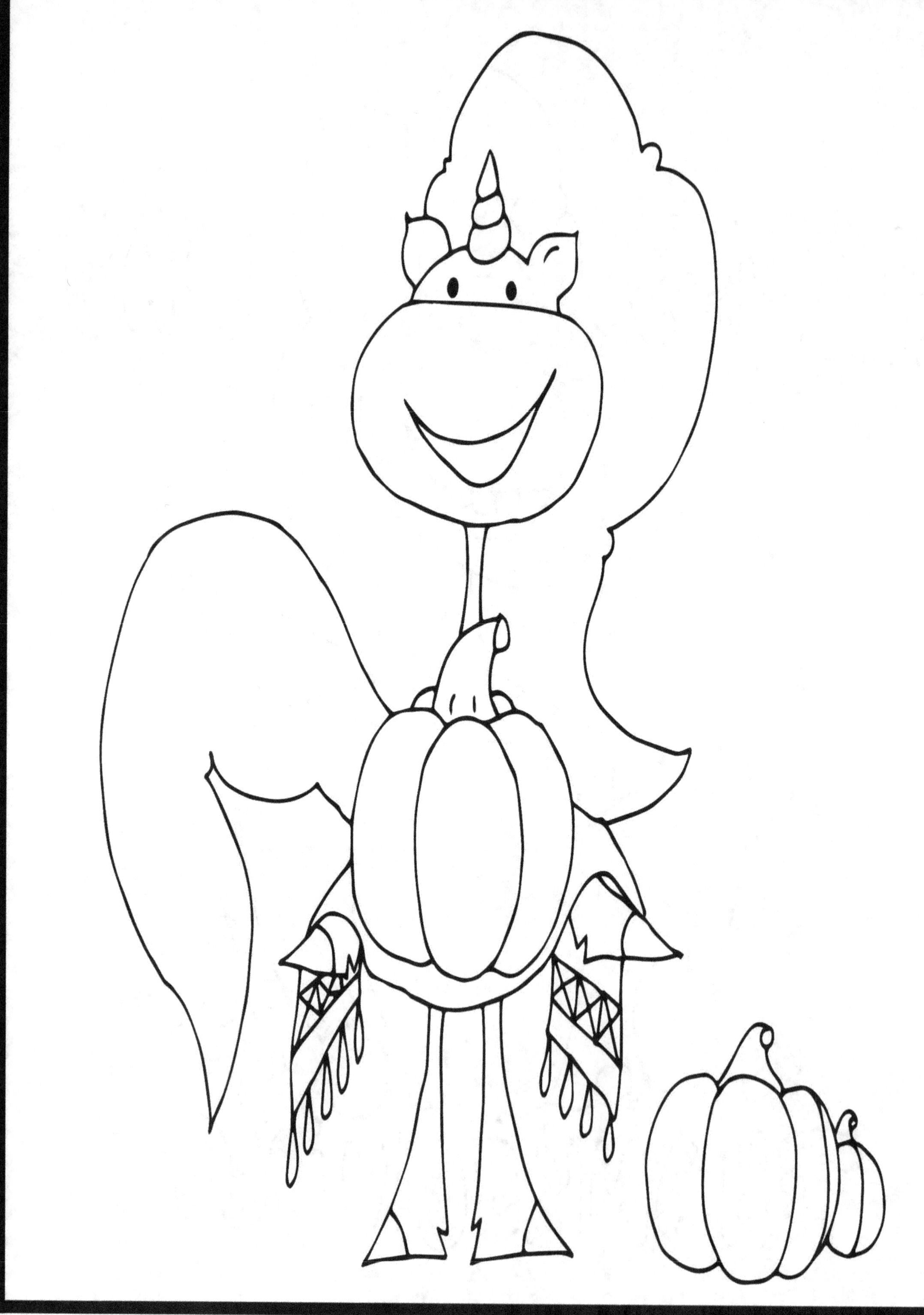

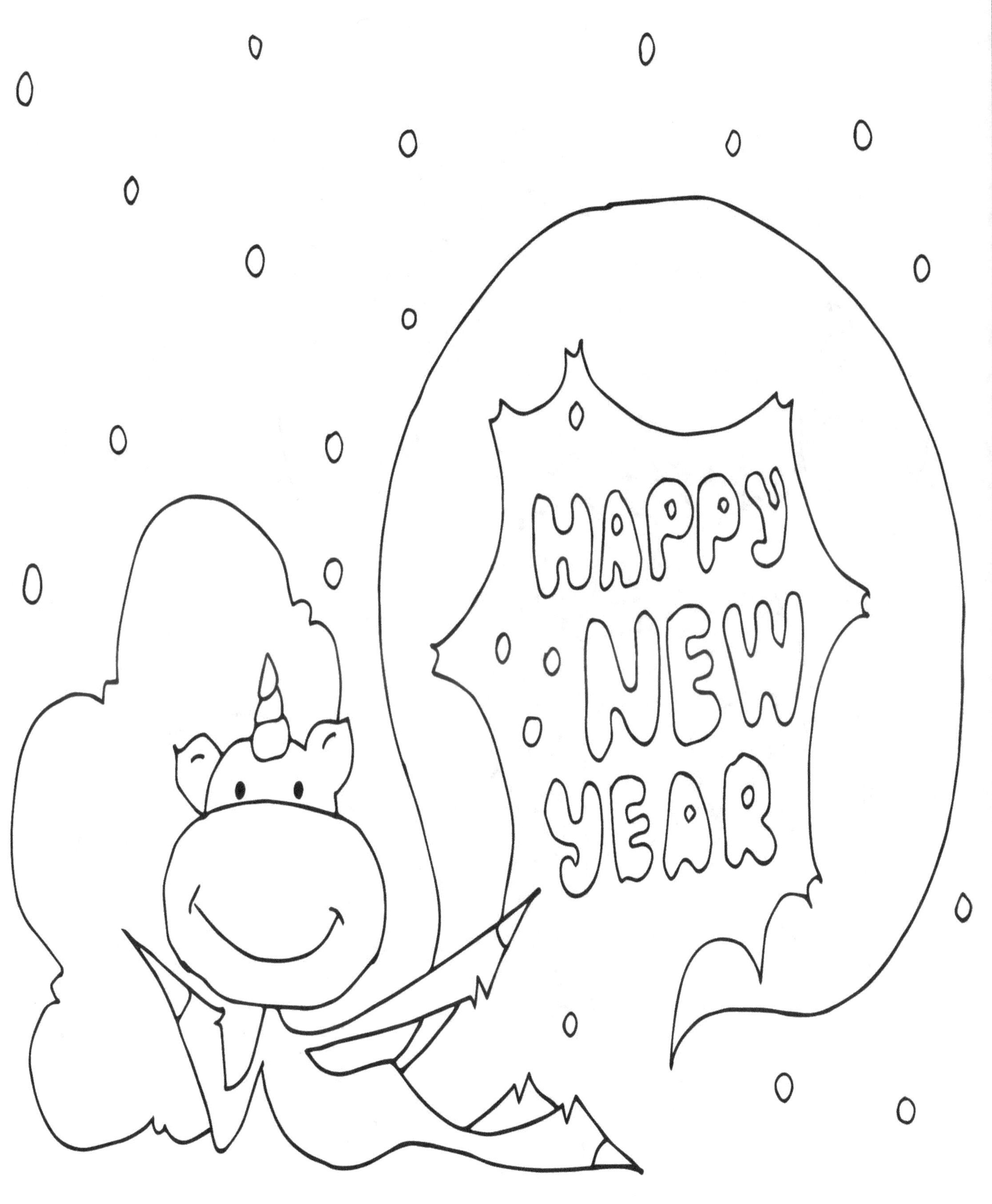

HAPPY
NEW
YEAR

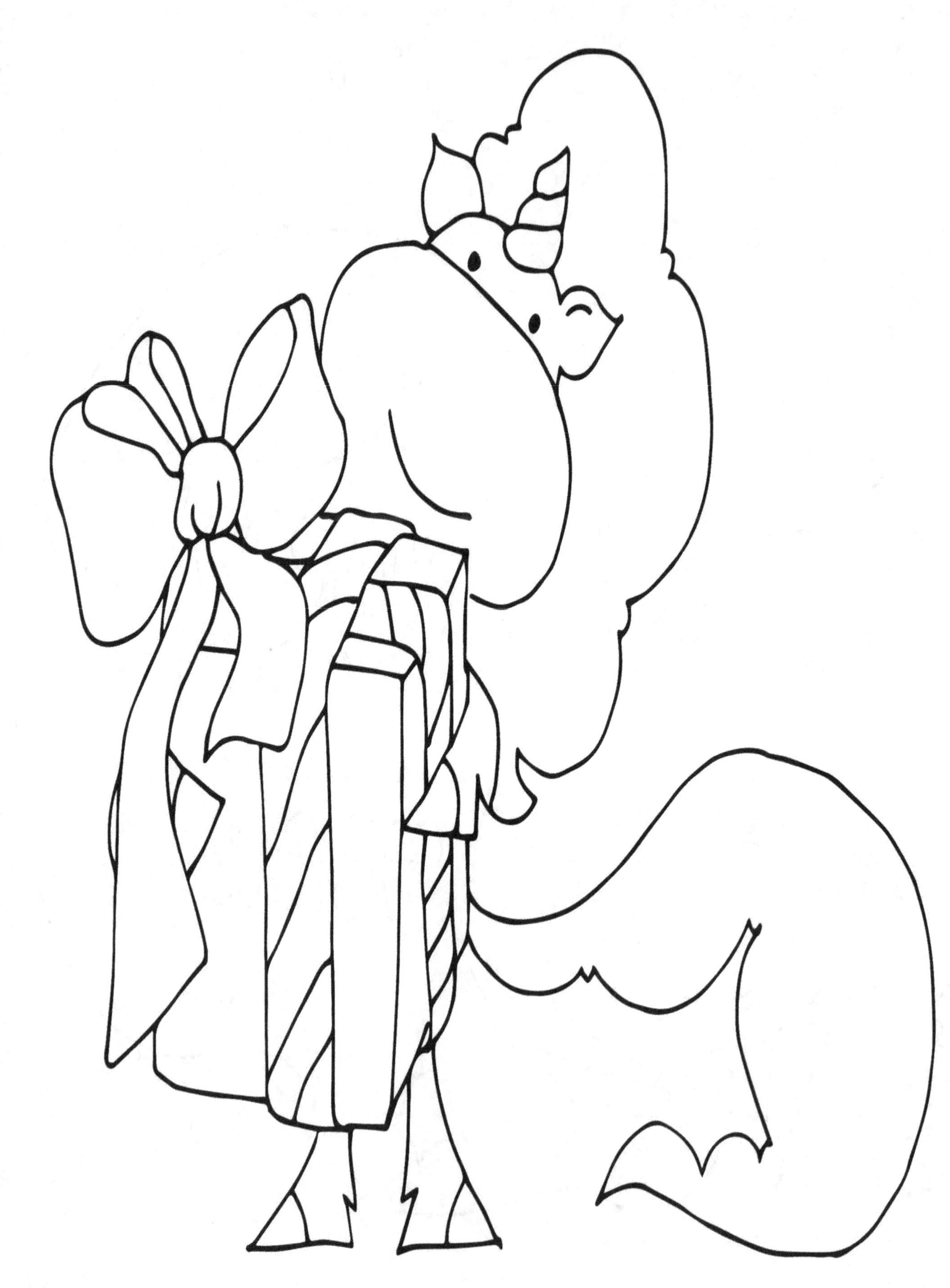

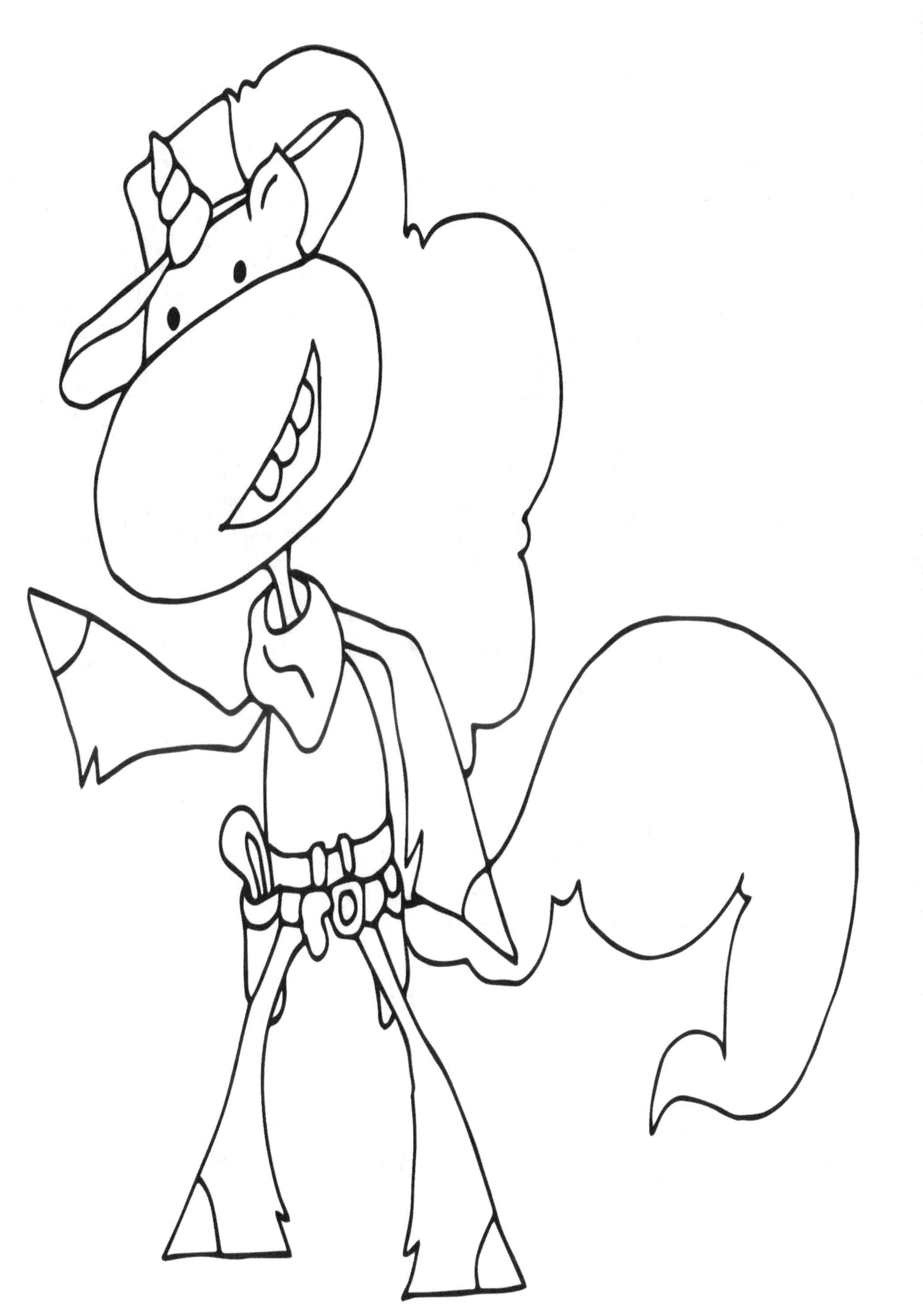

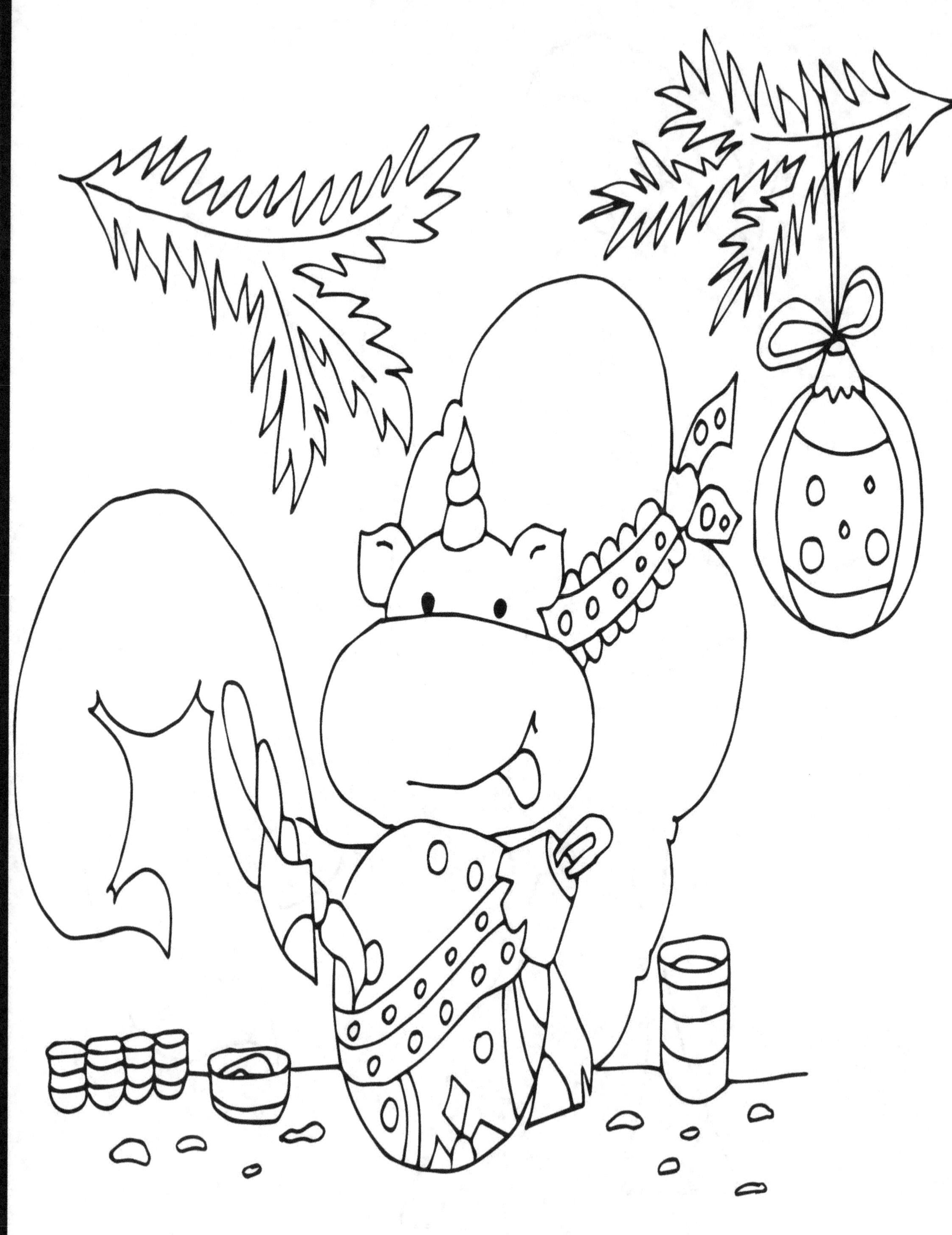

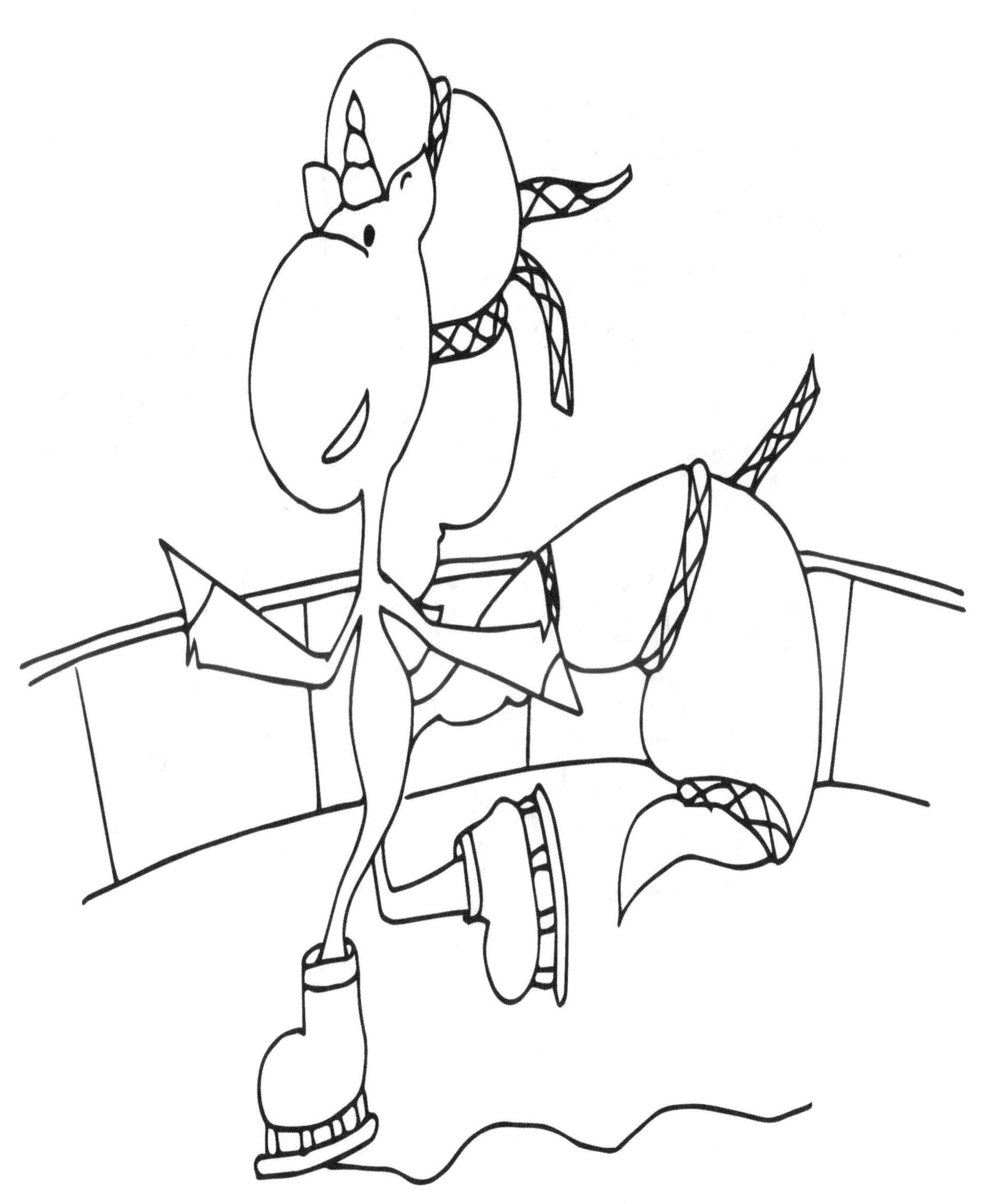

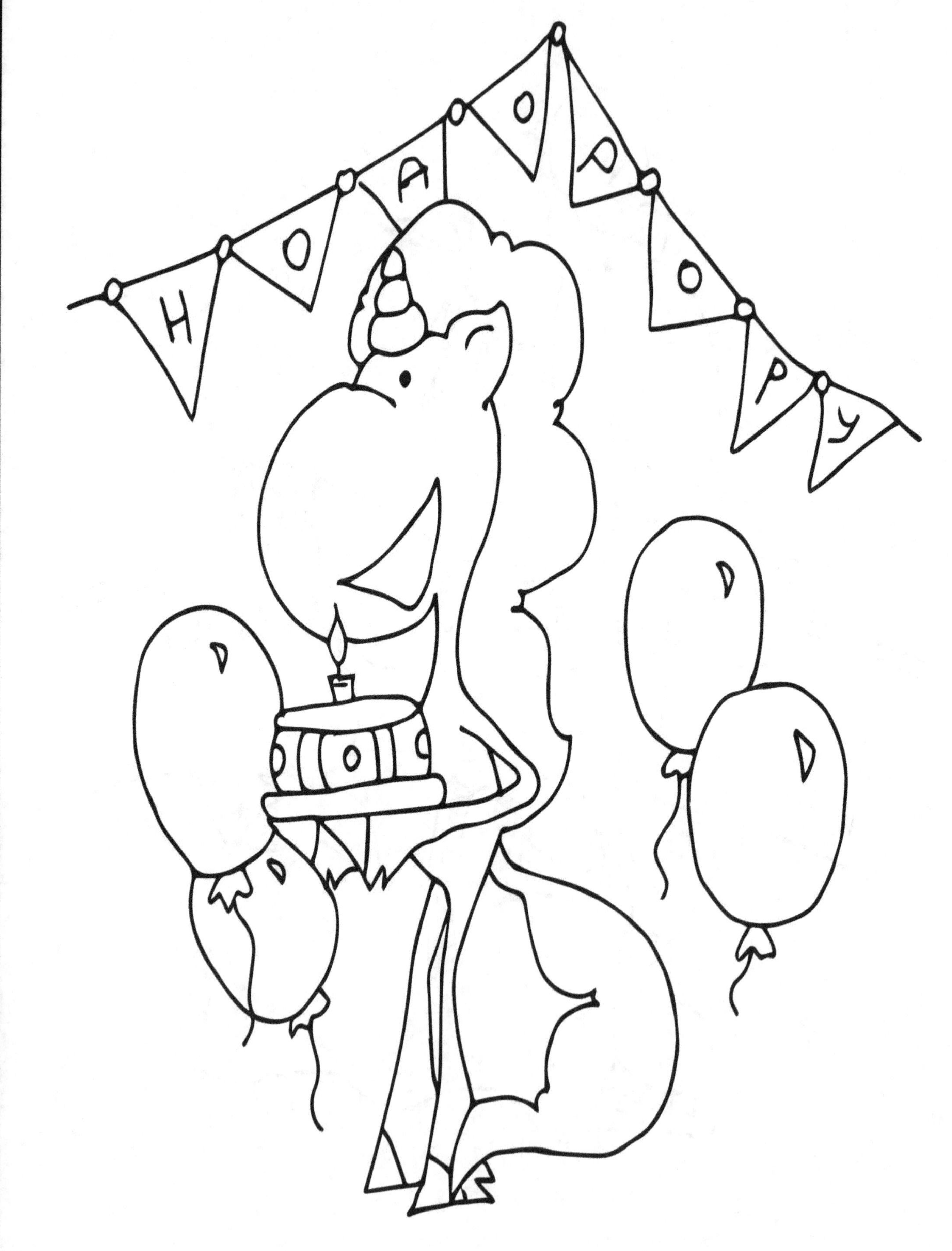
H O A P P O P Y

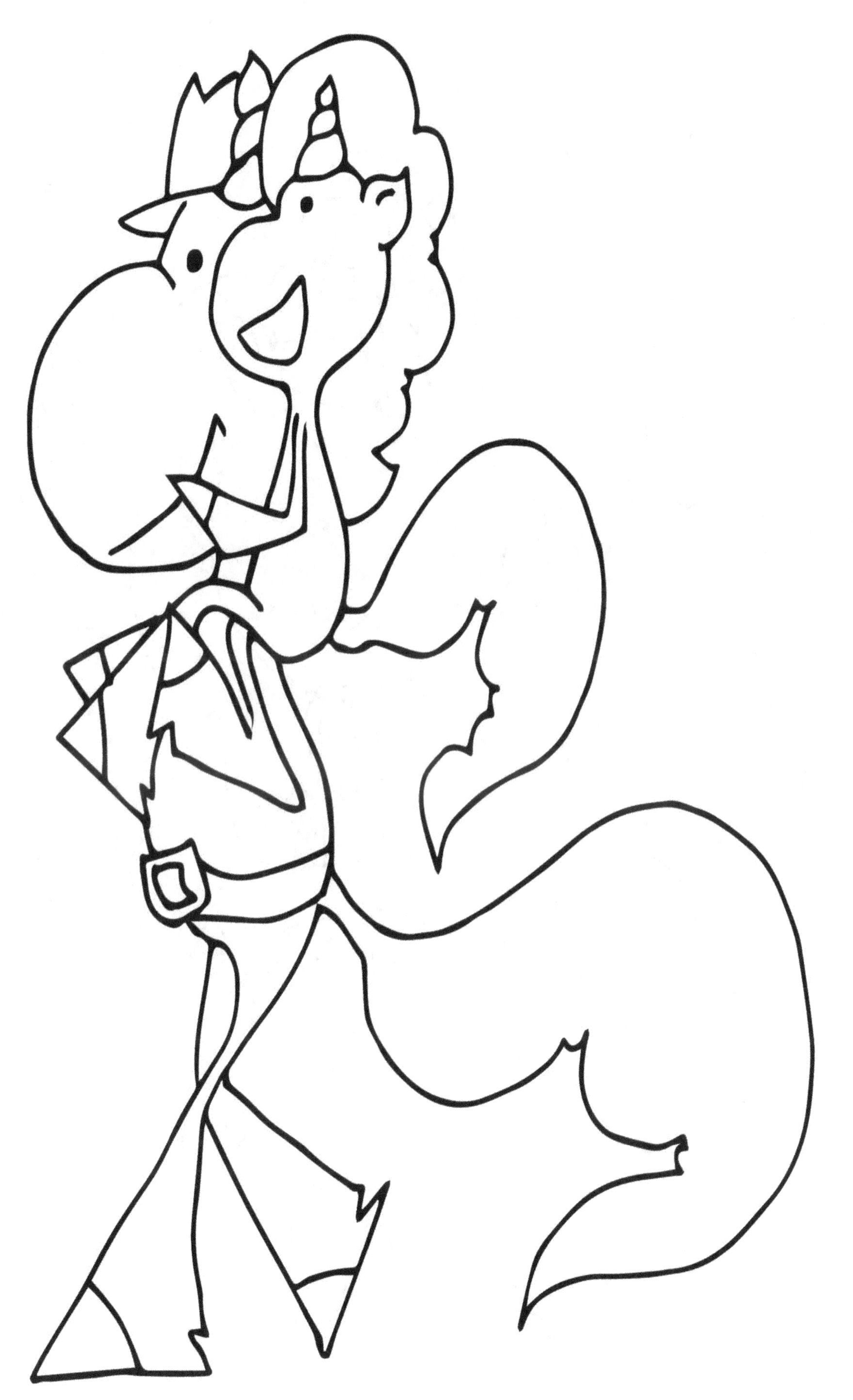

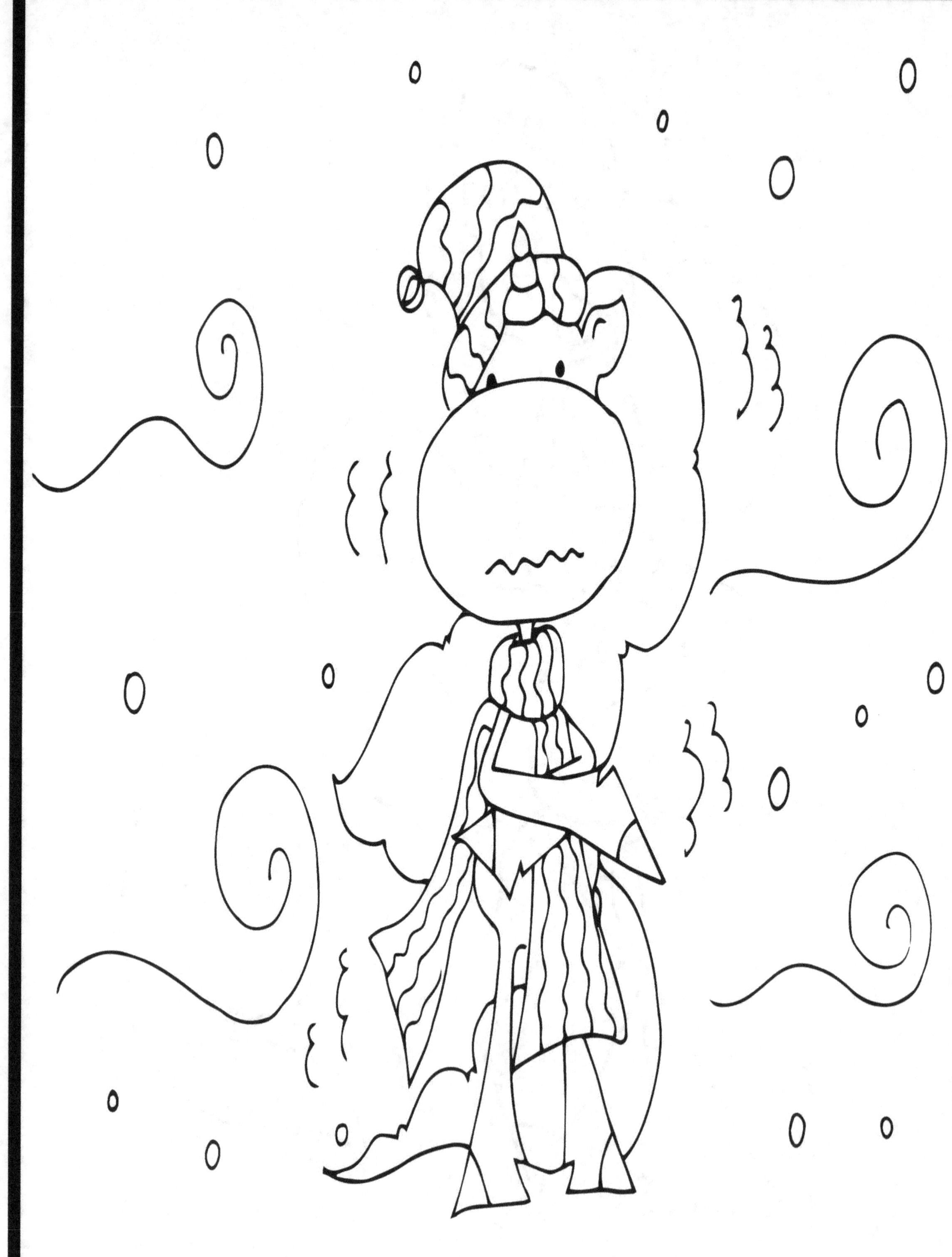

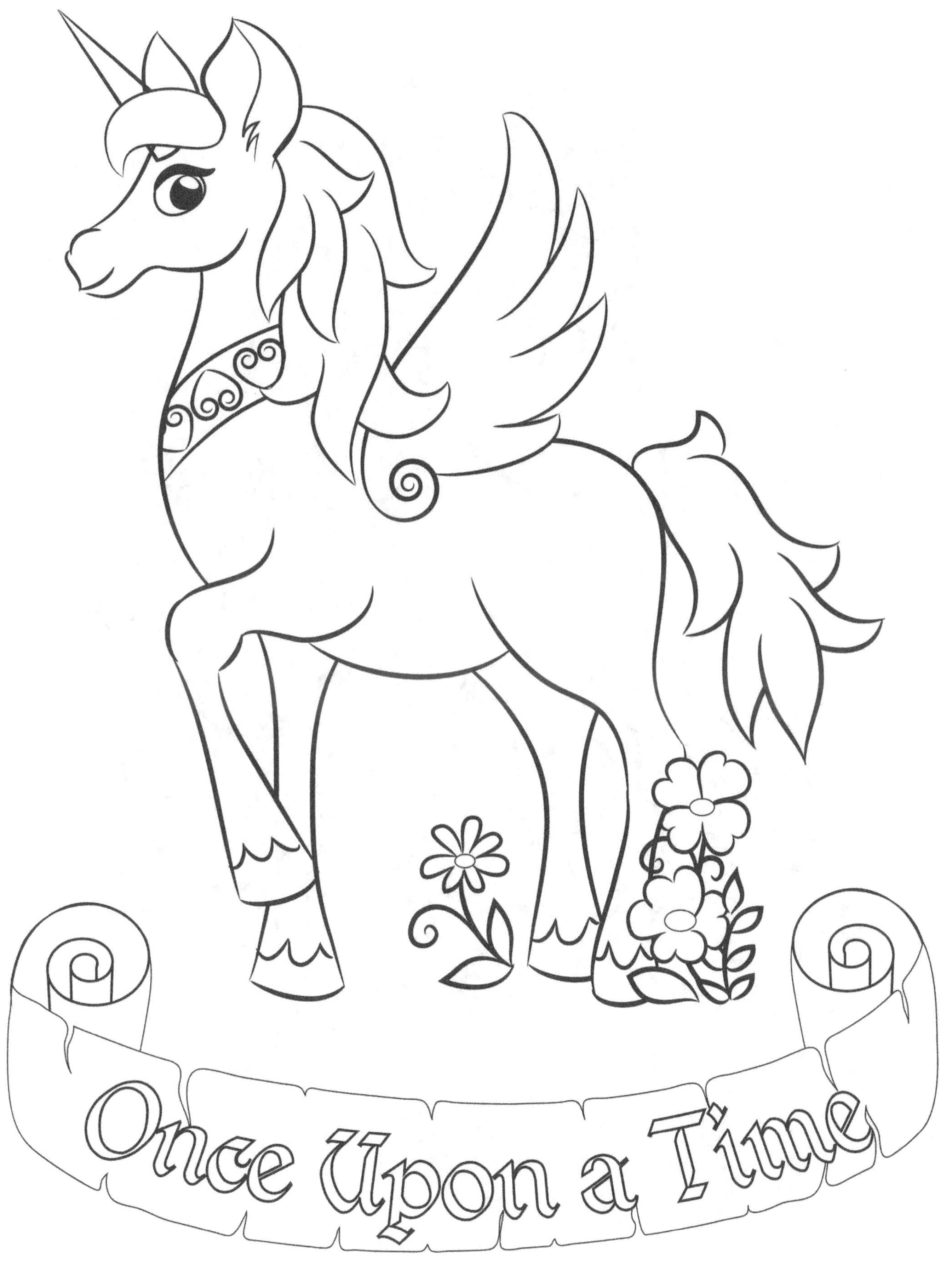

Once Upon a Time

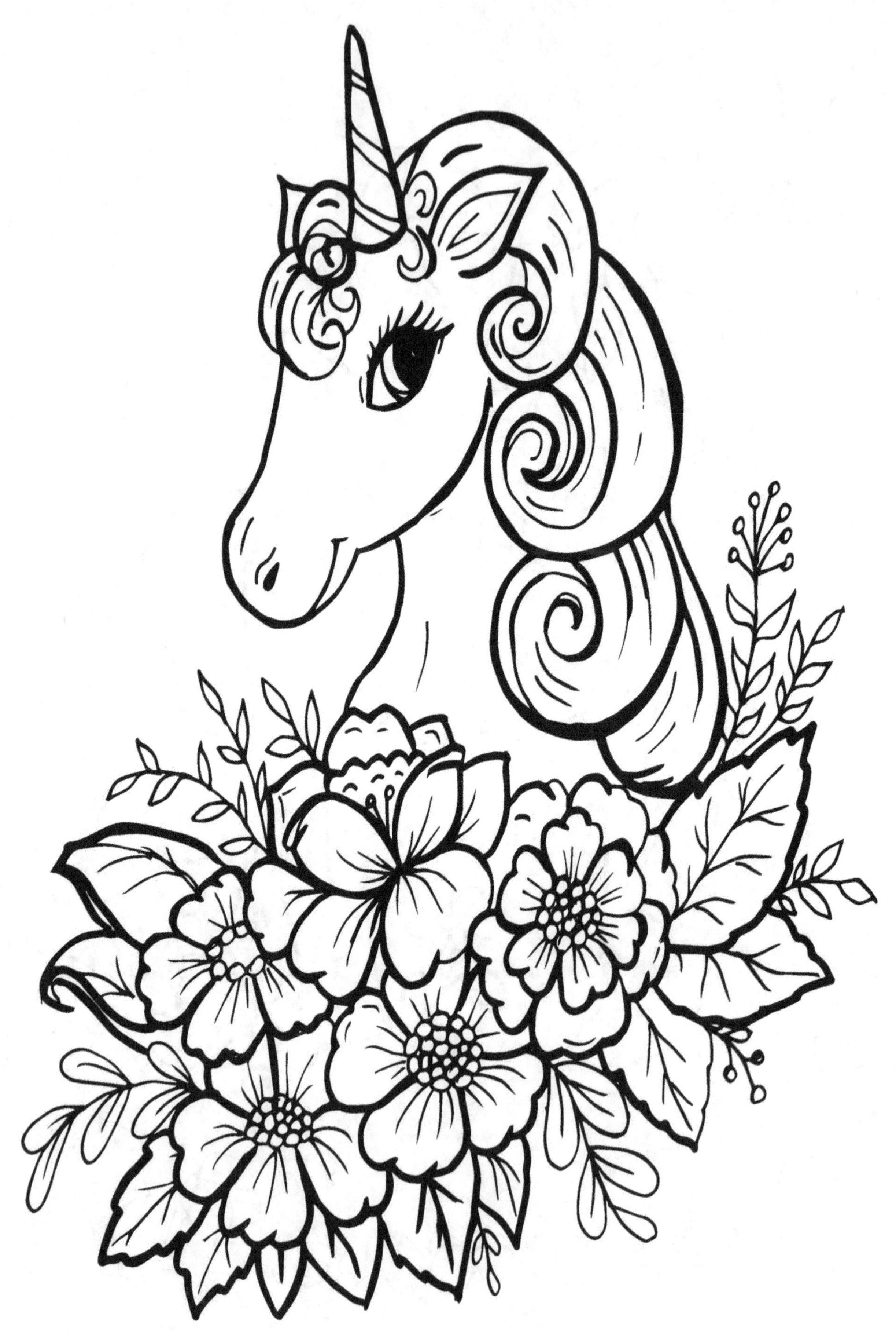

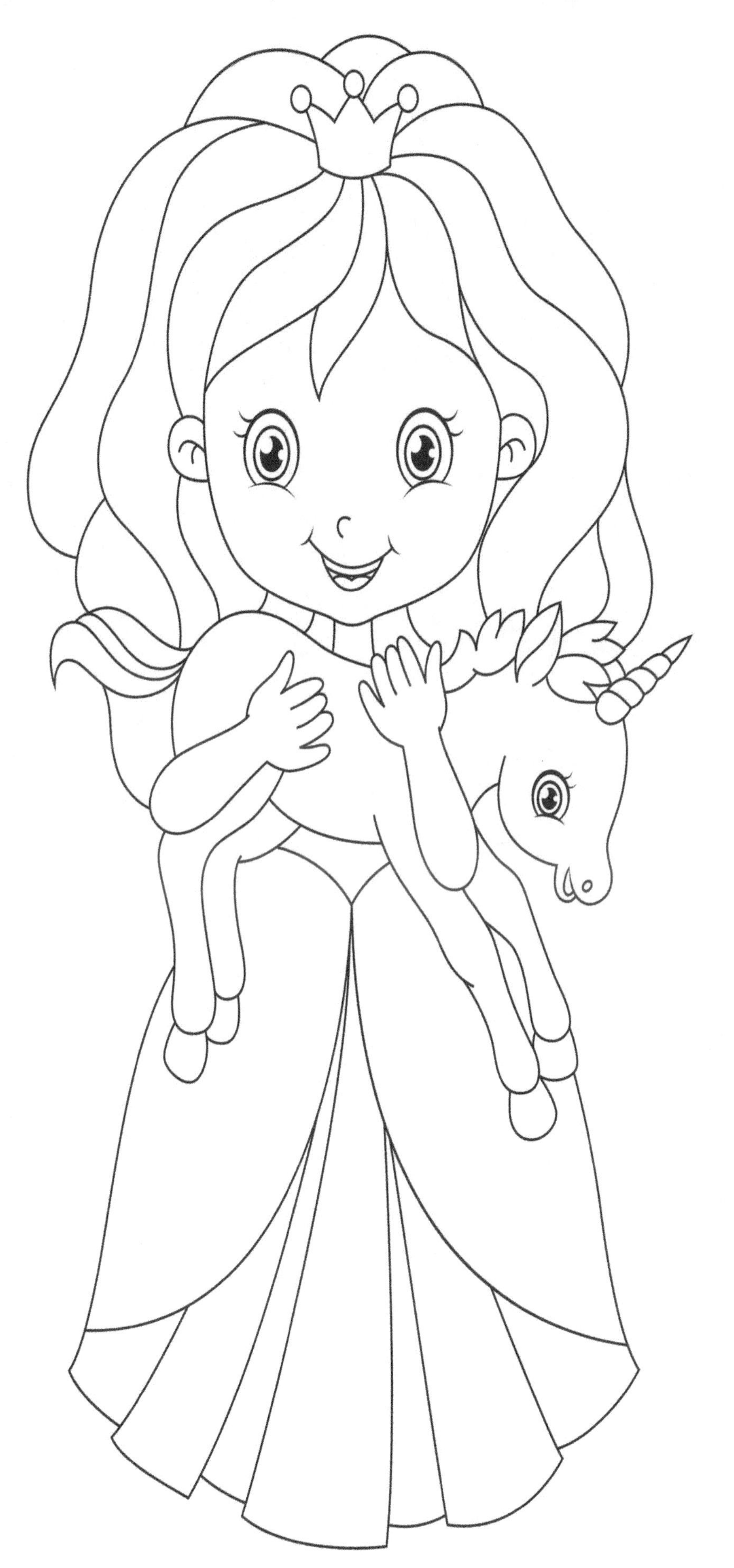

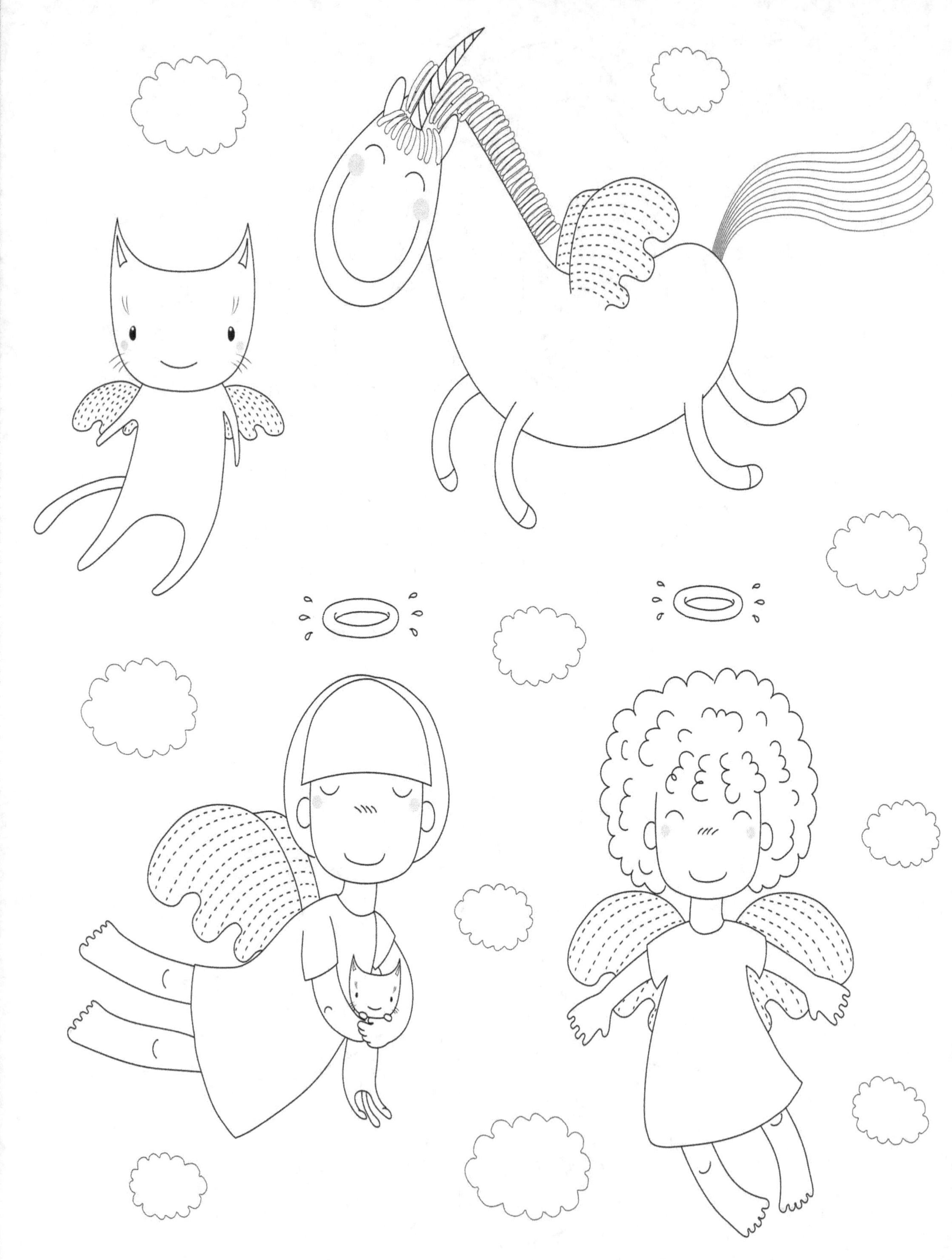

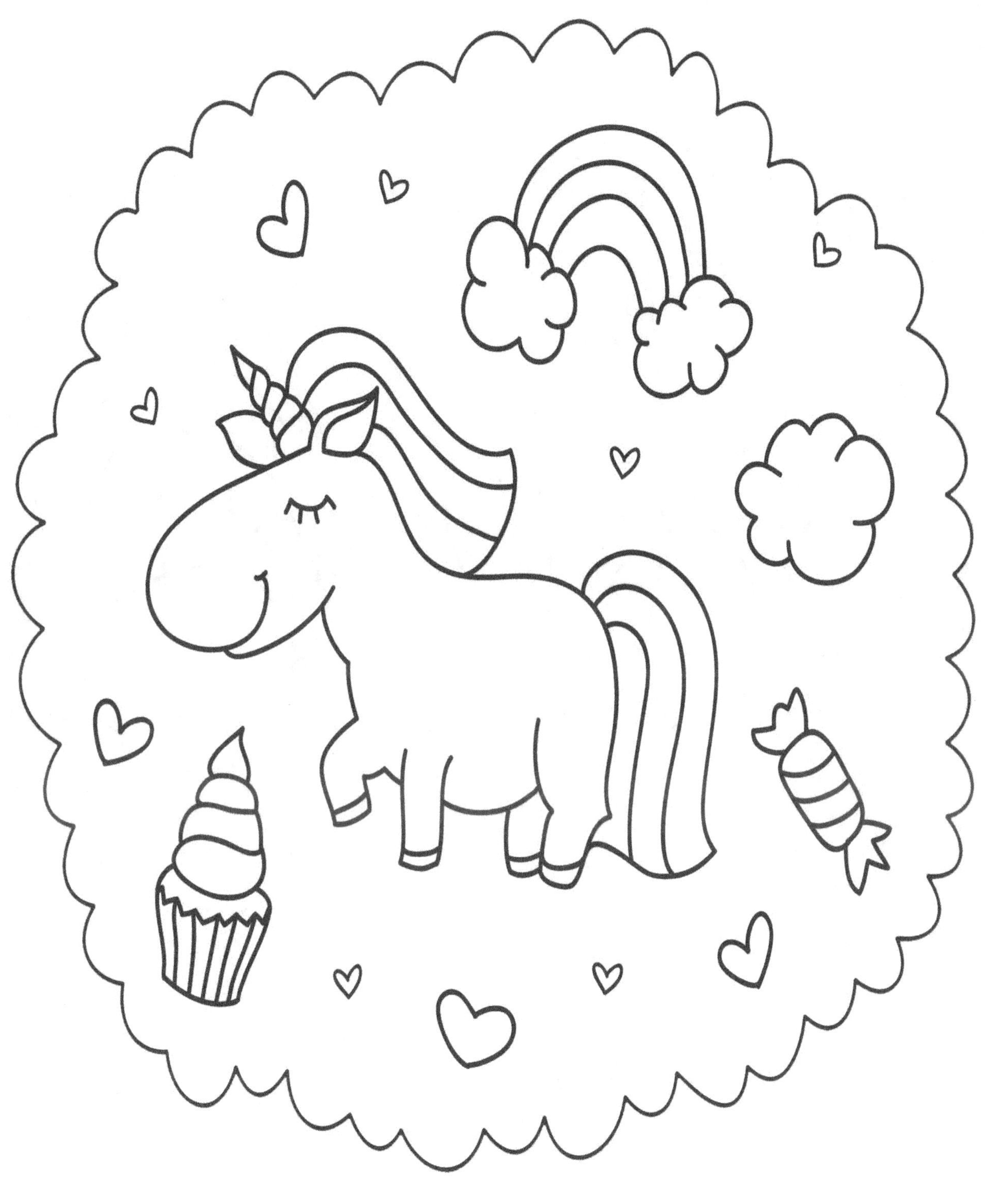

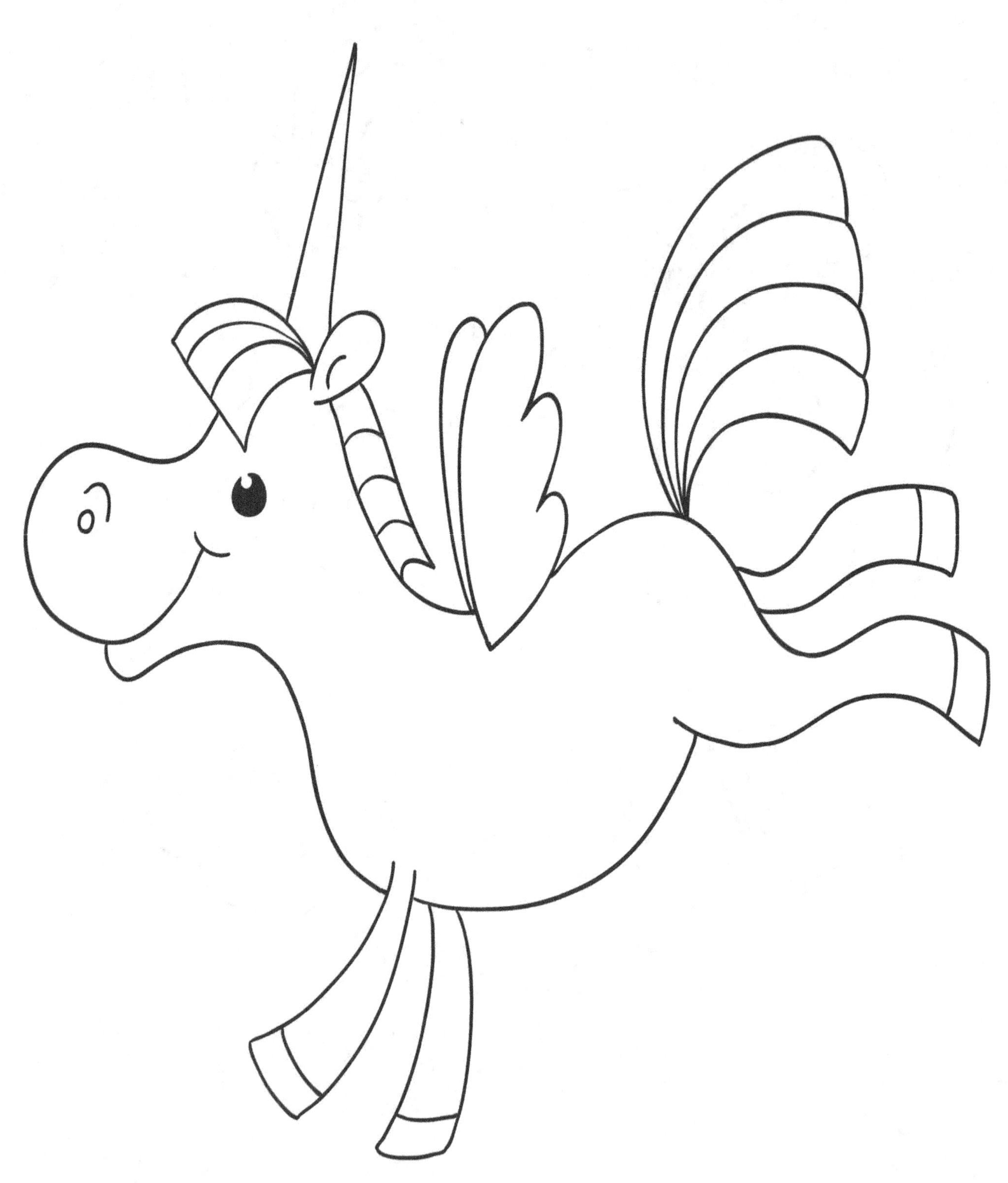

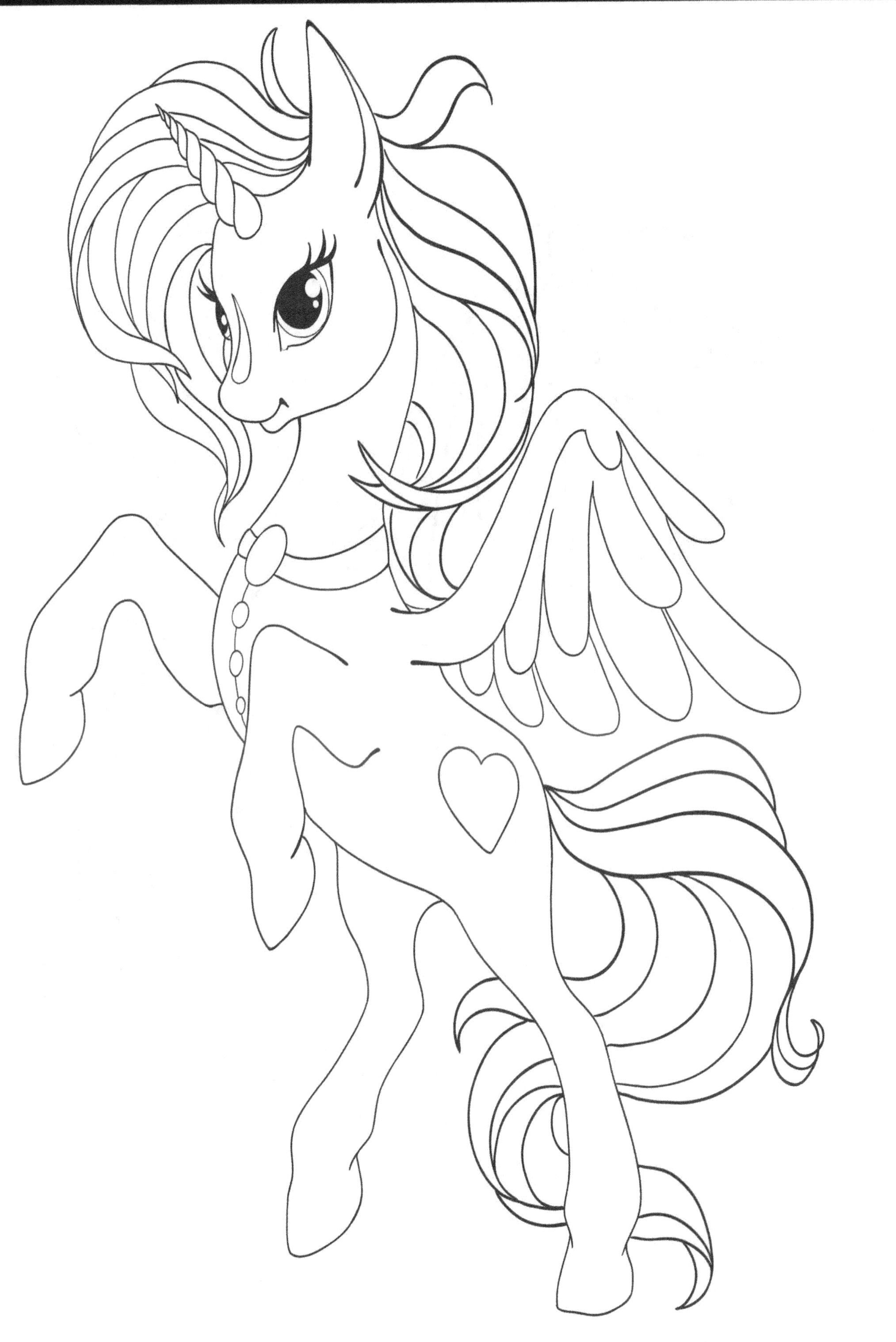

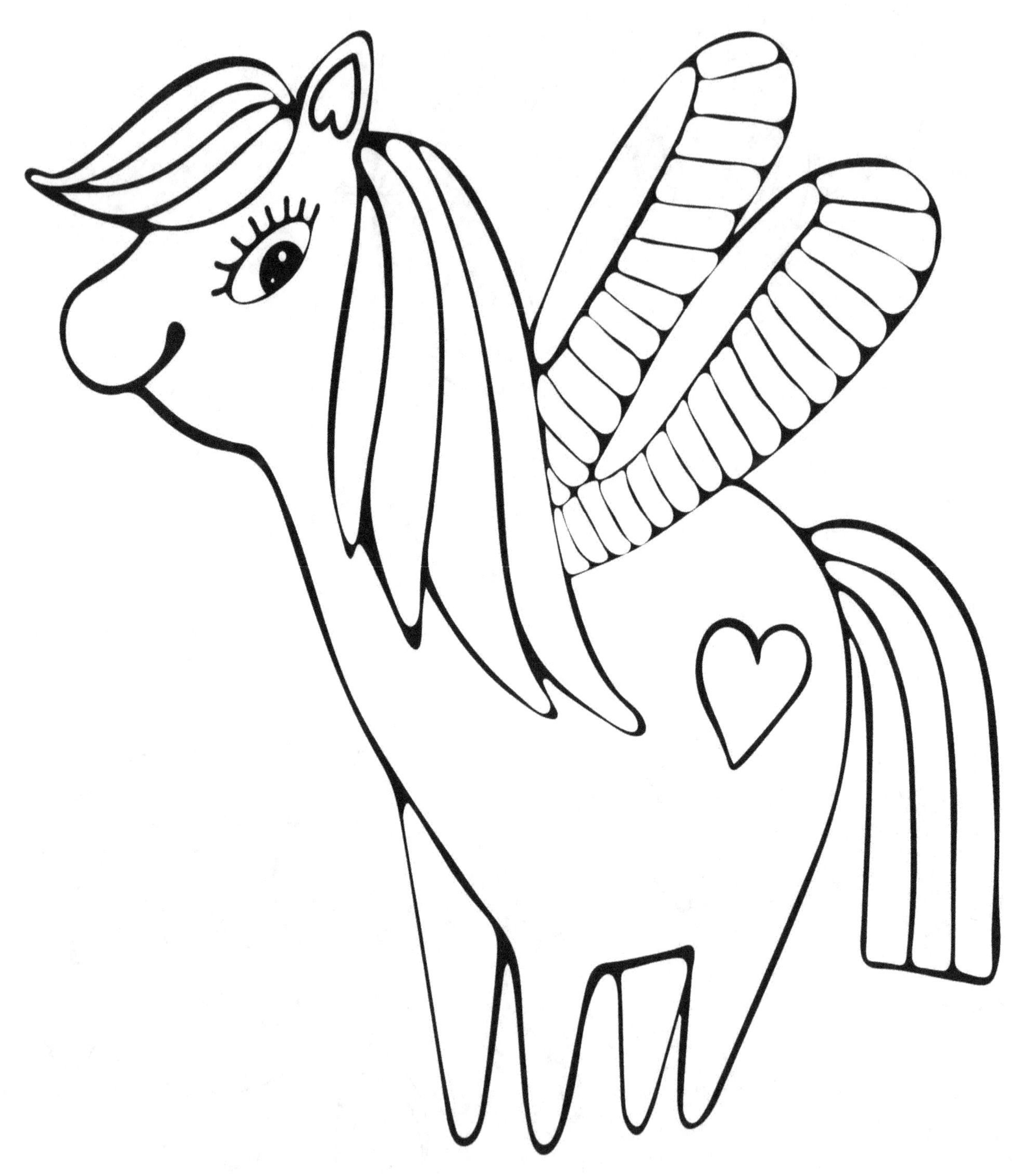

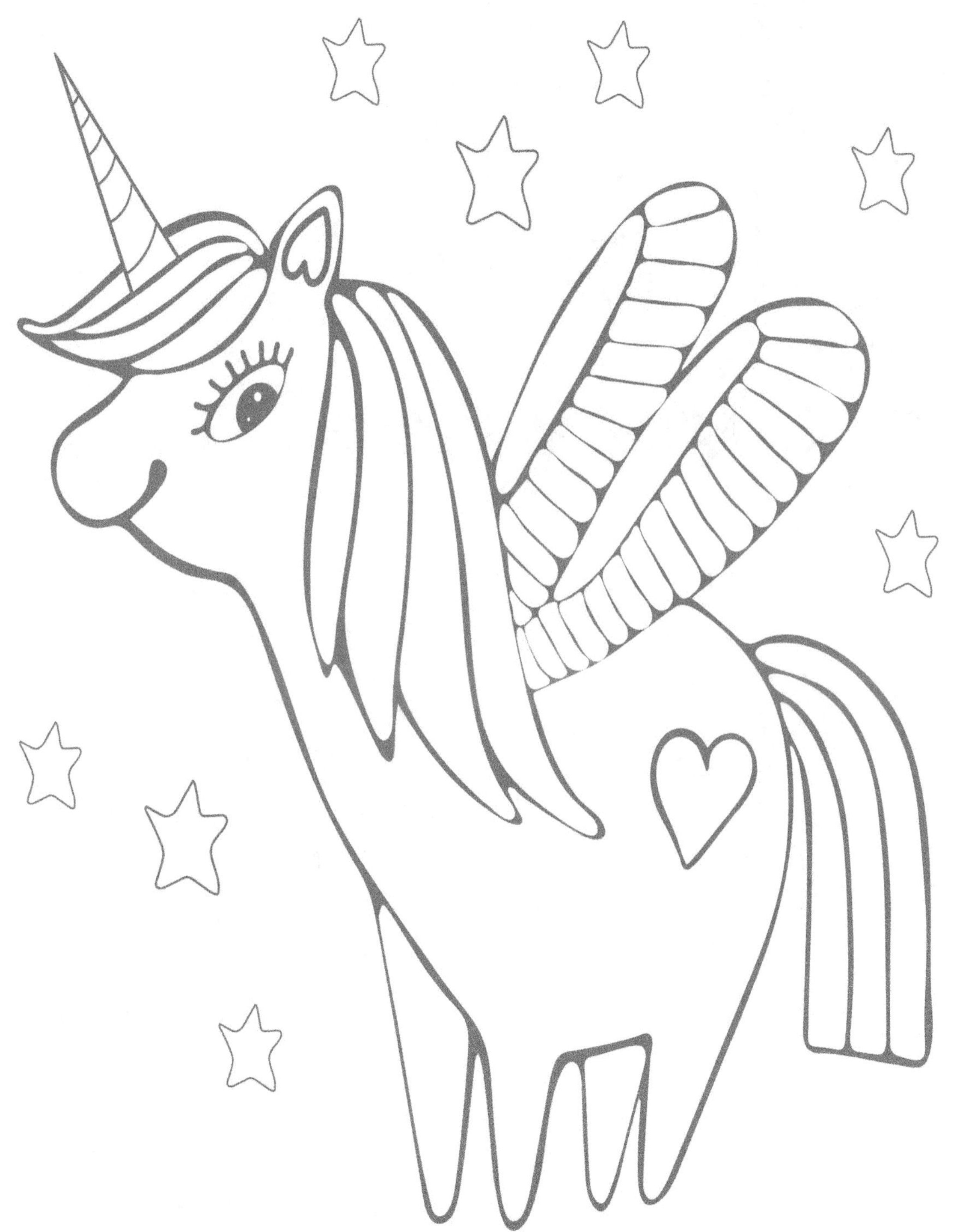

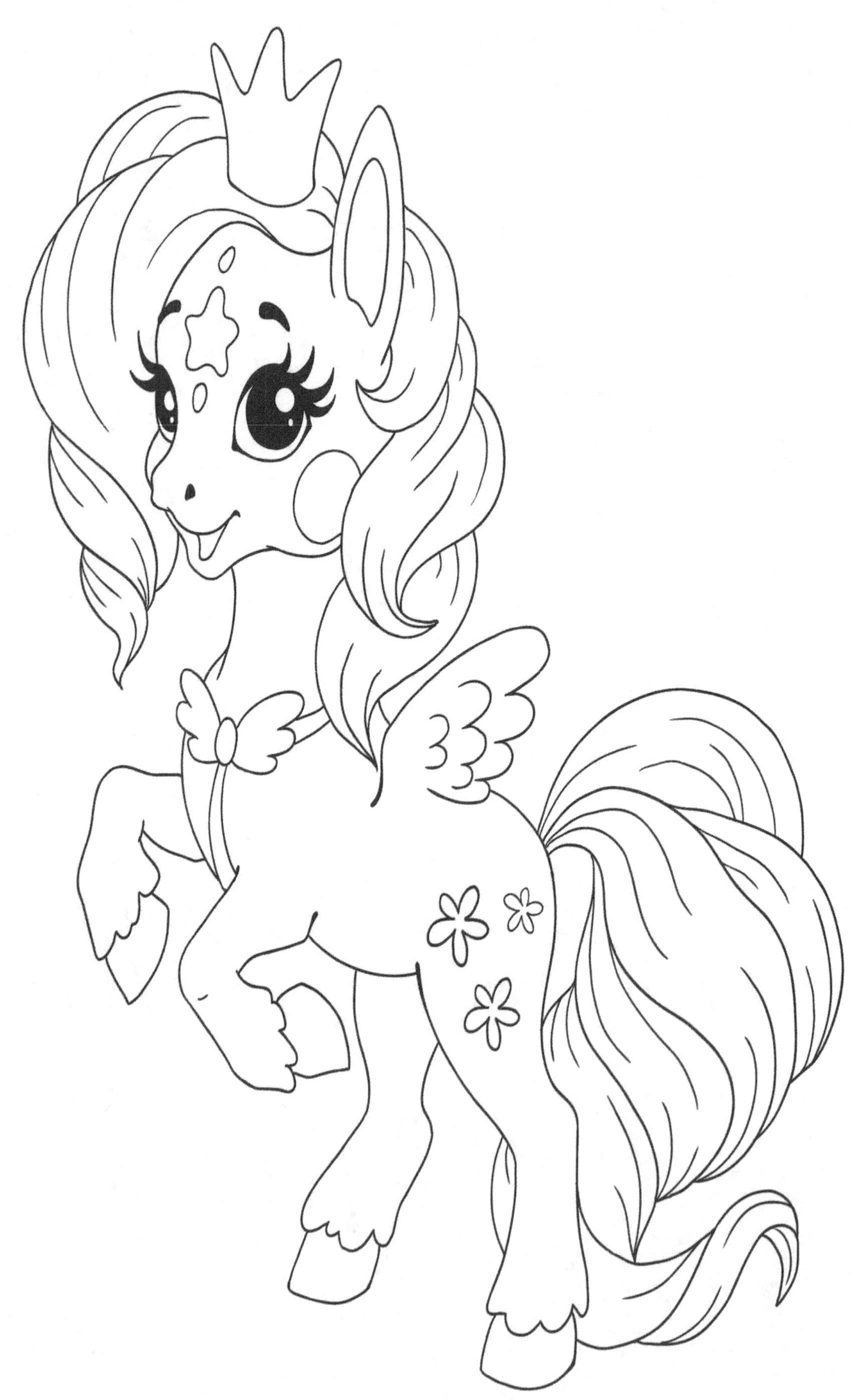

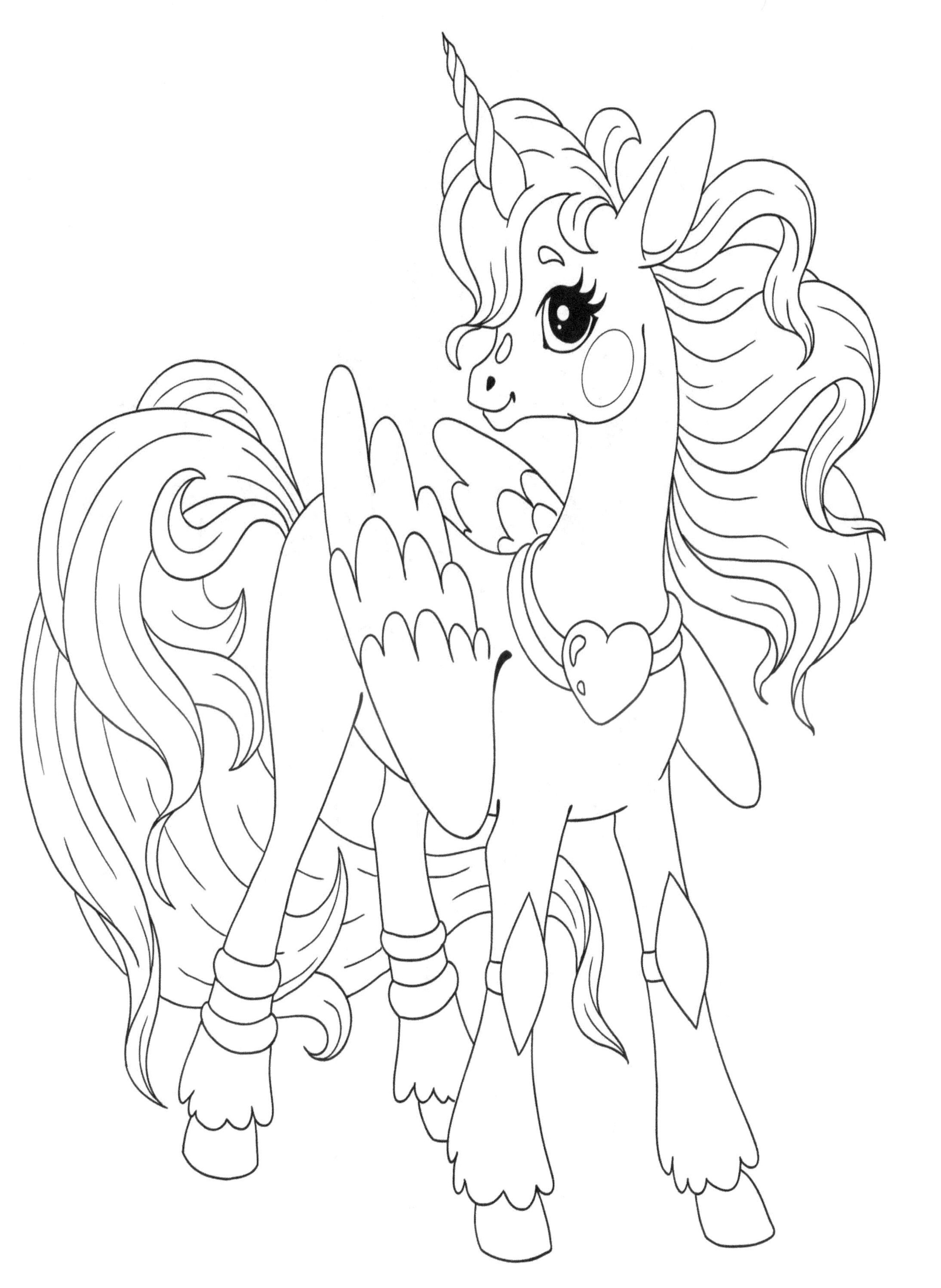

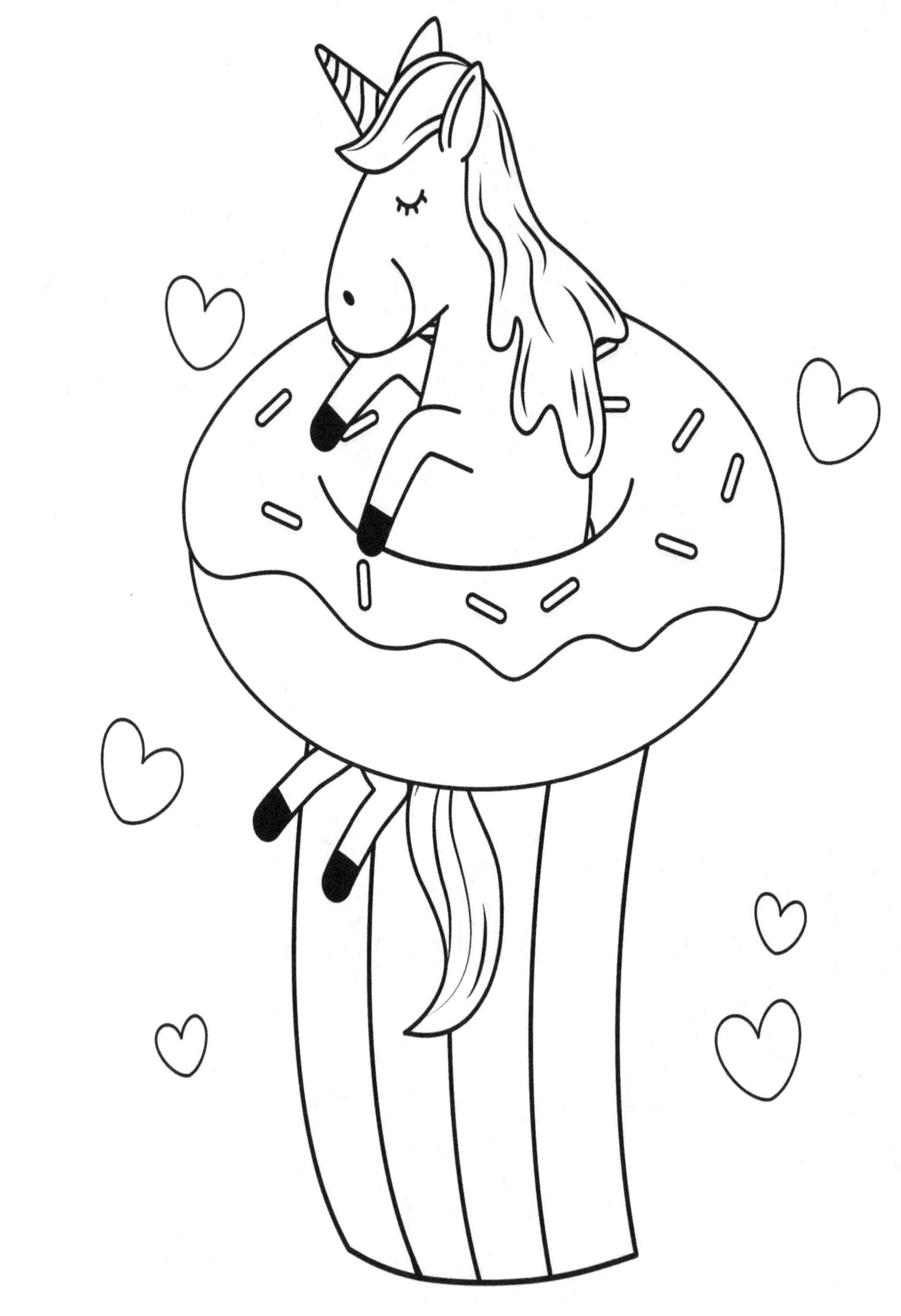

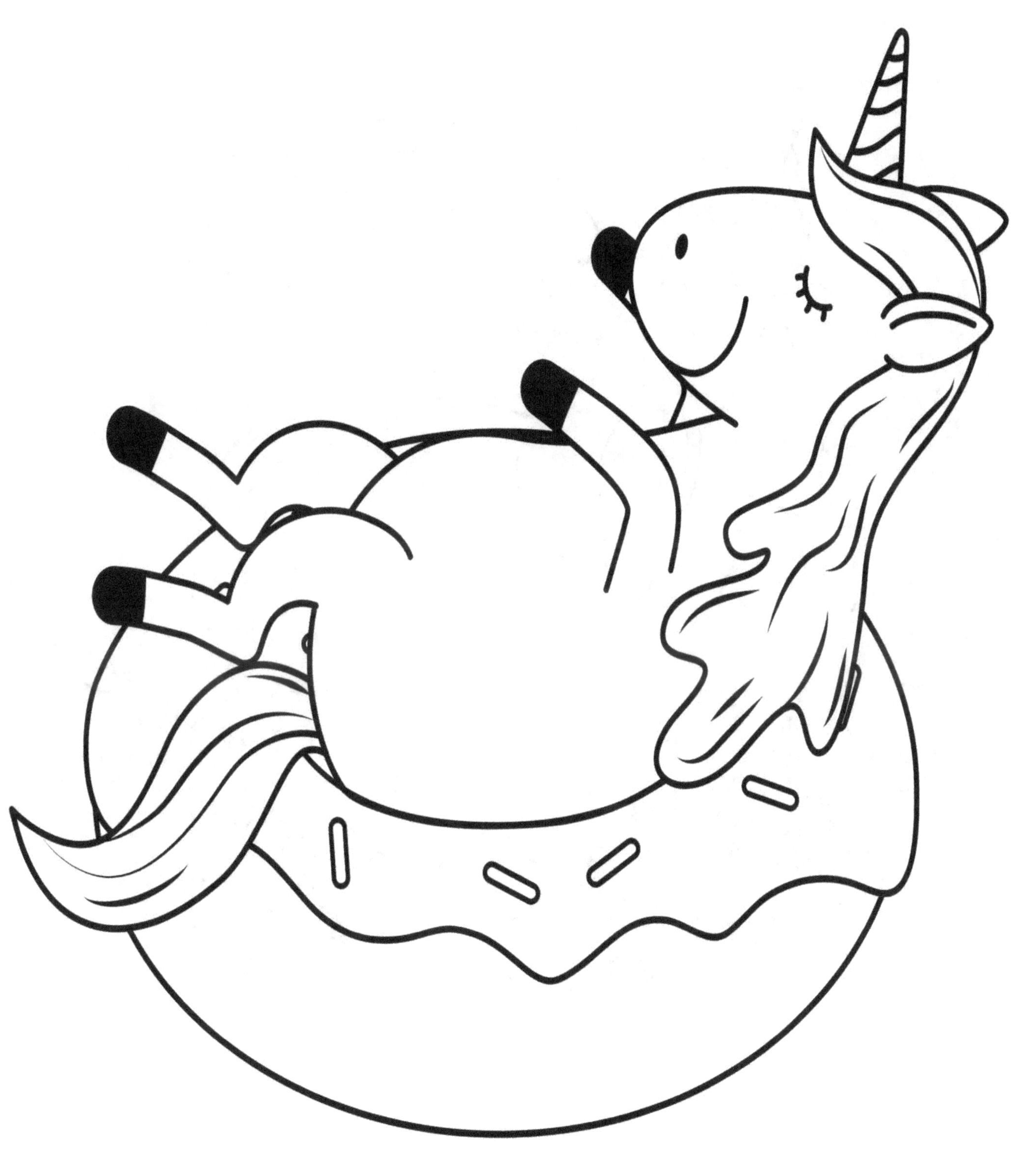

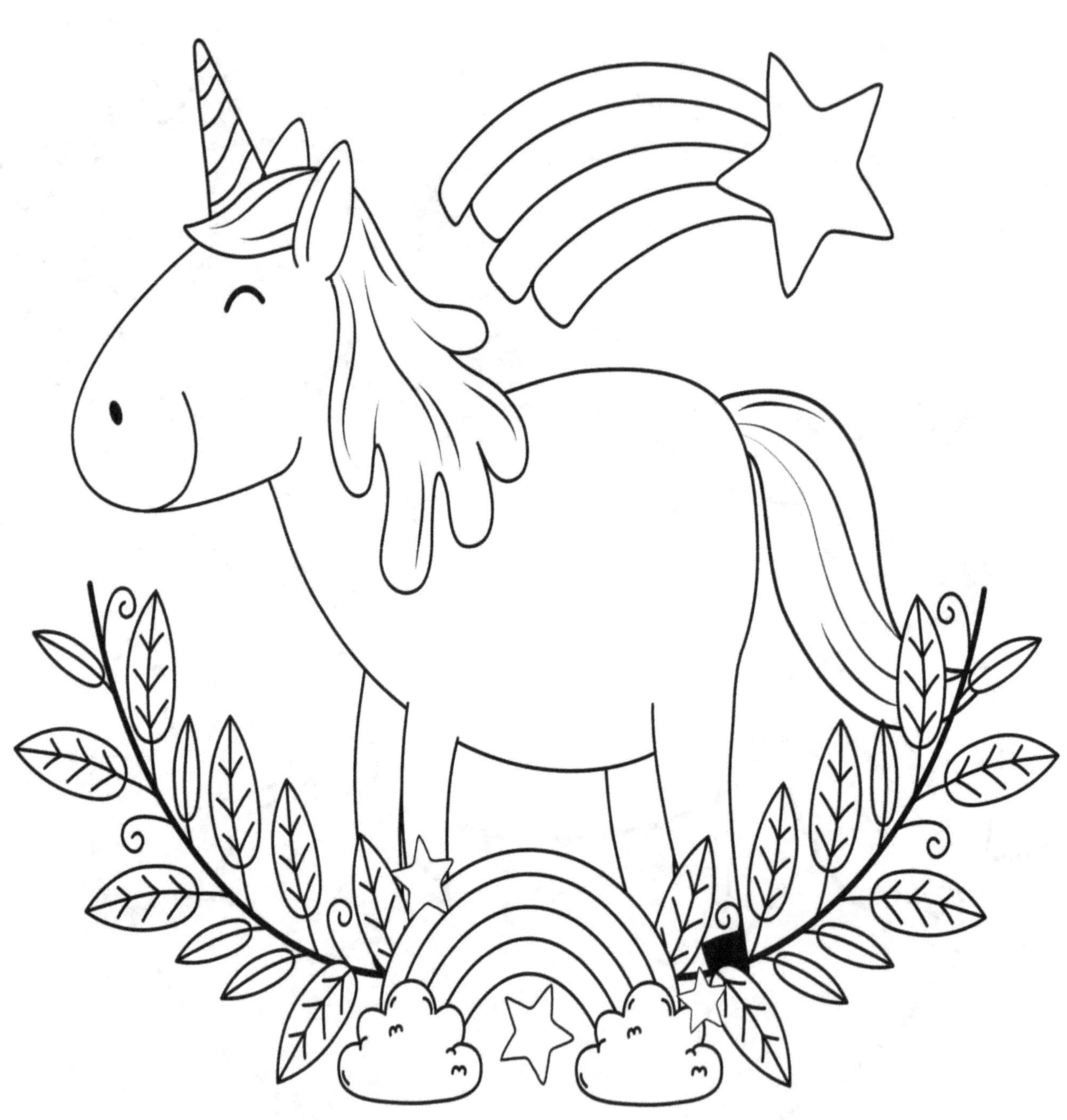

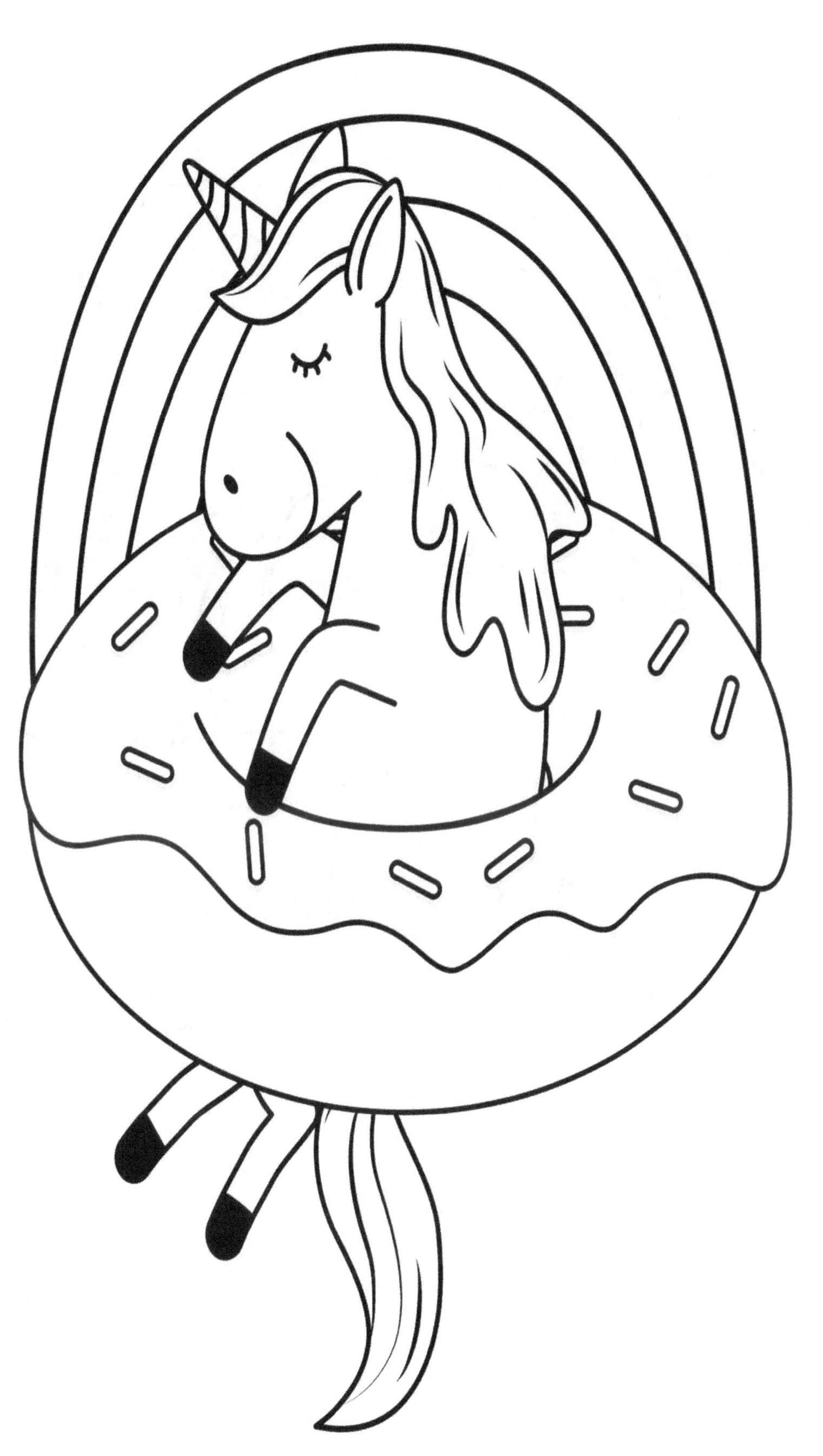

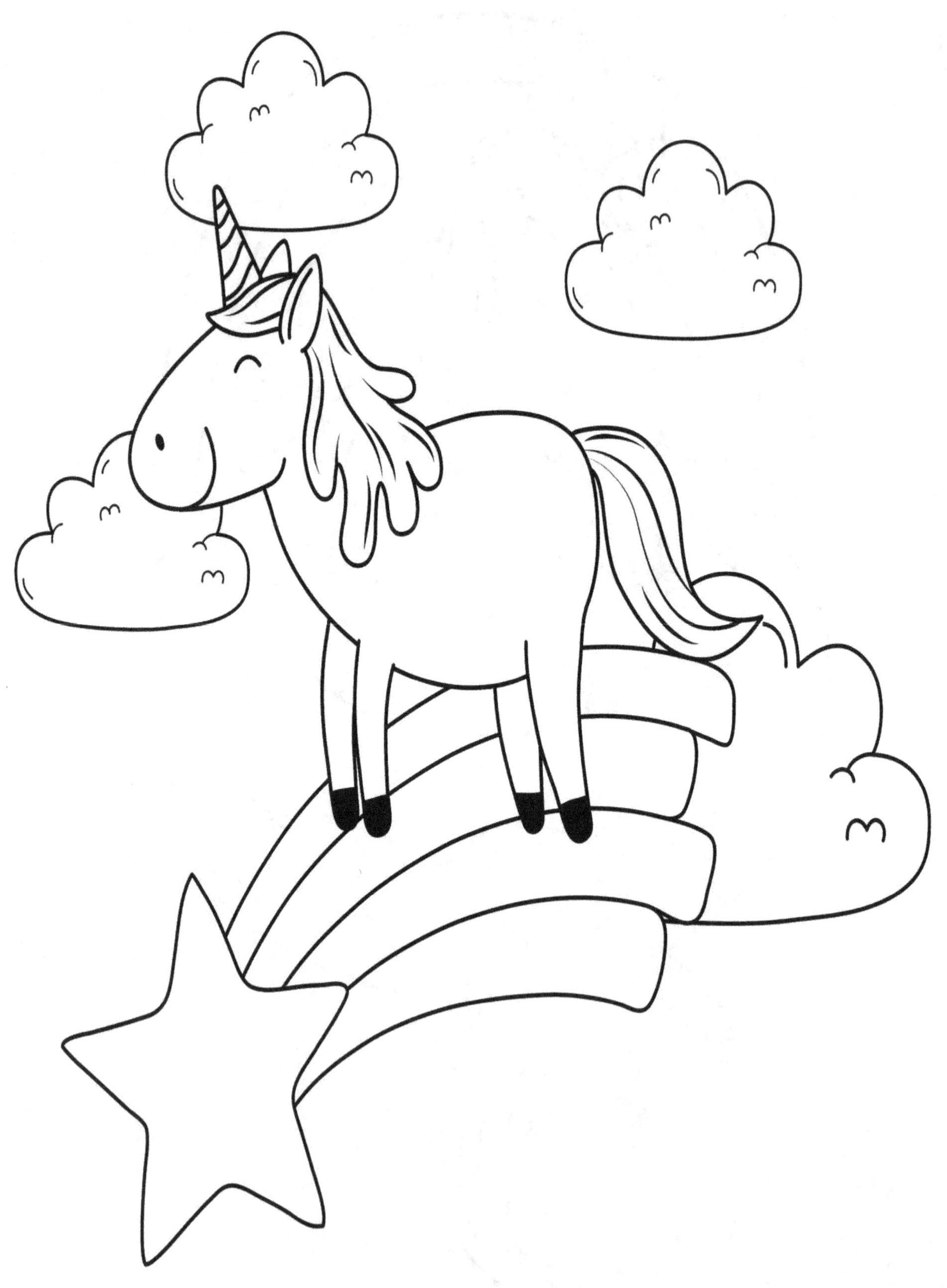

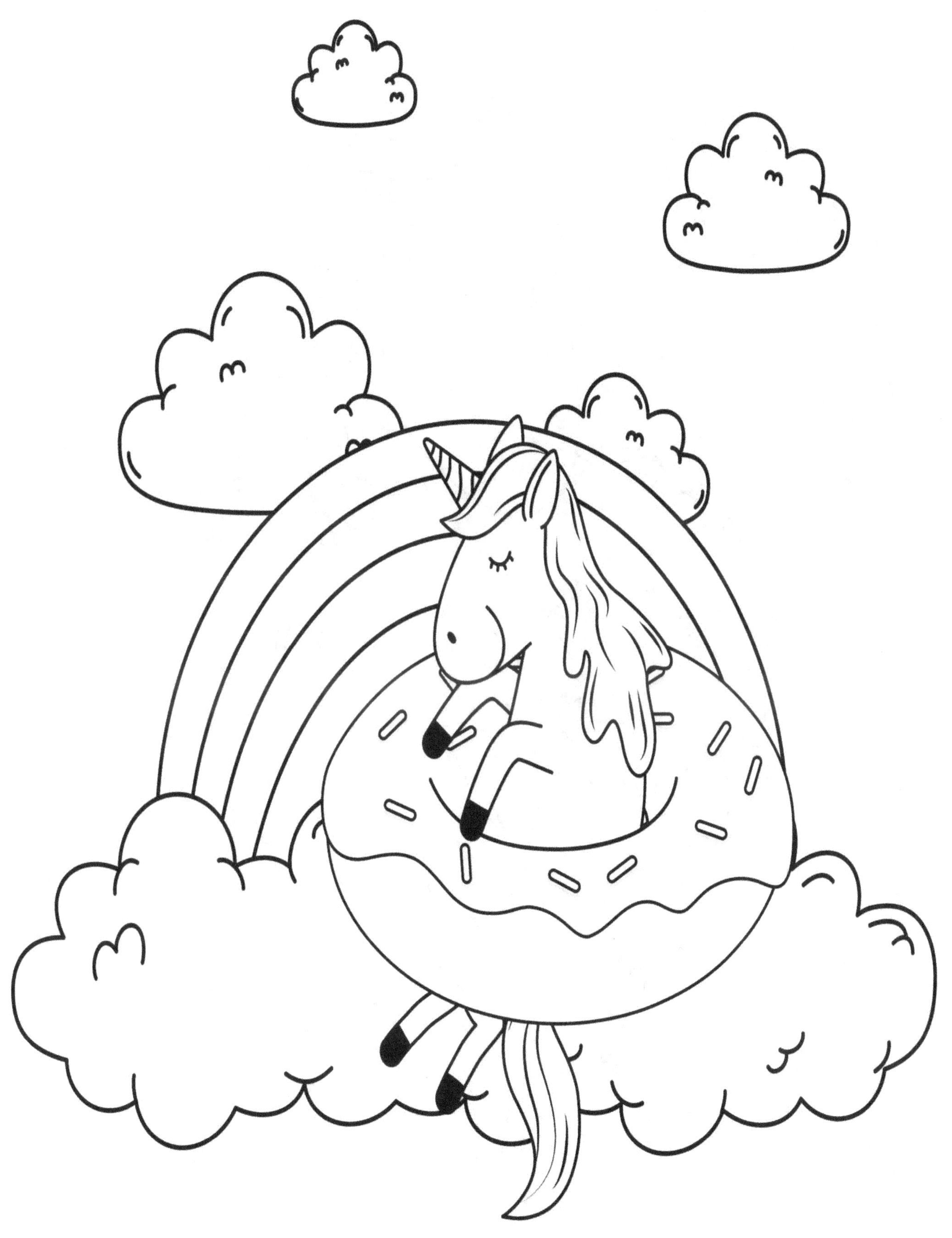

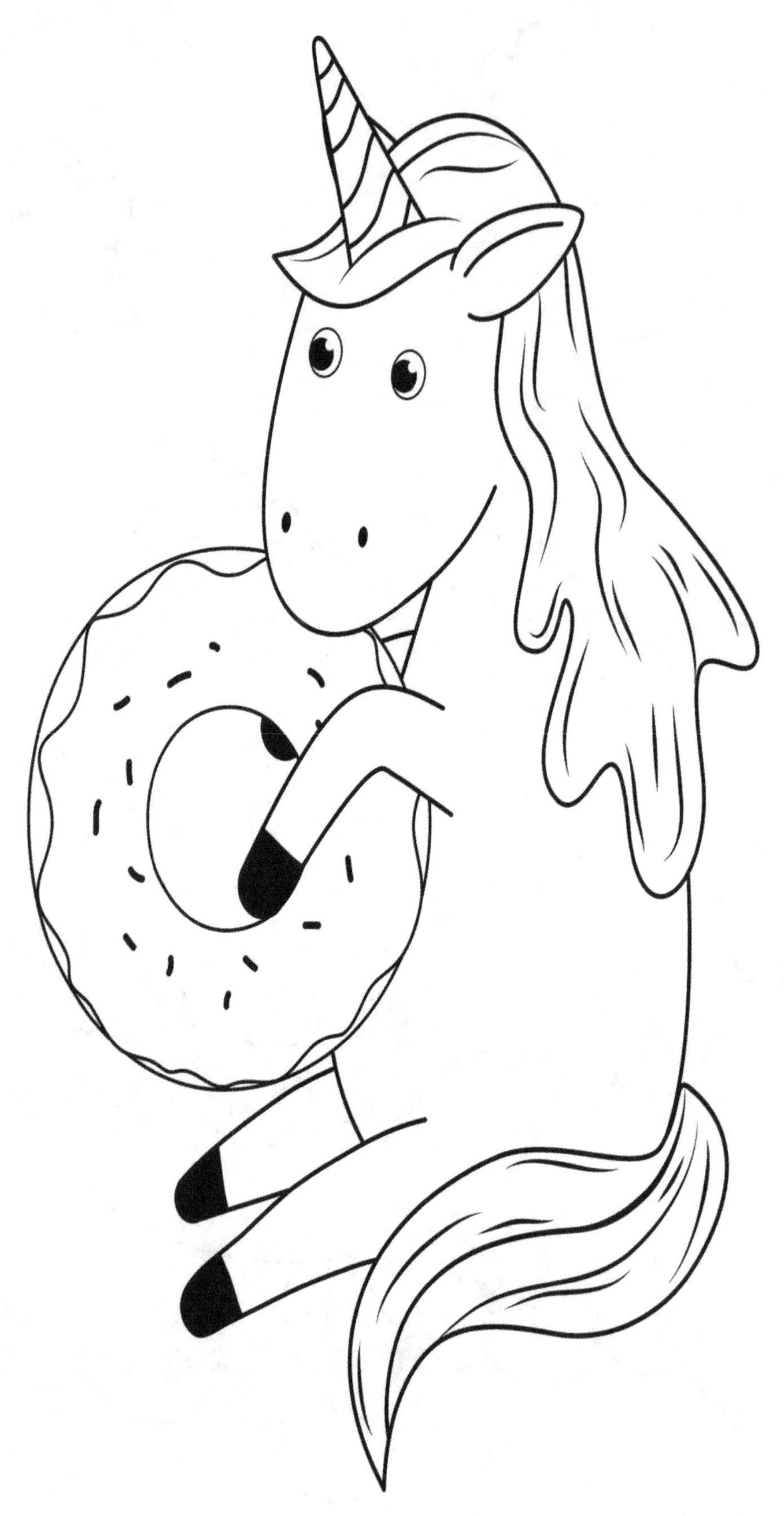

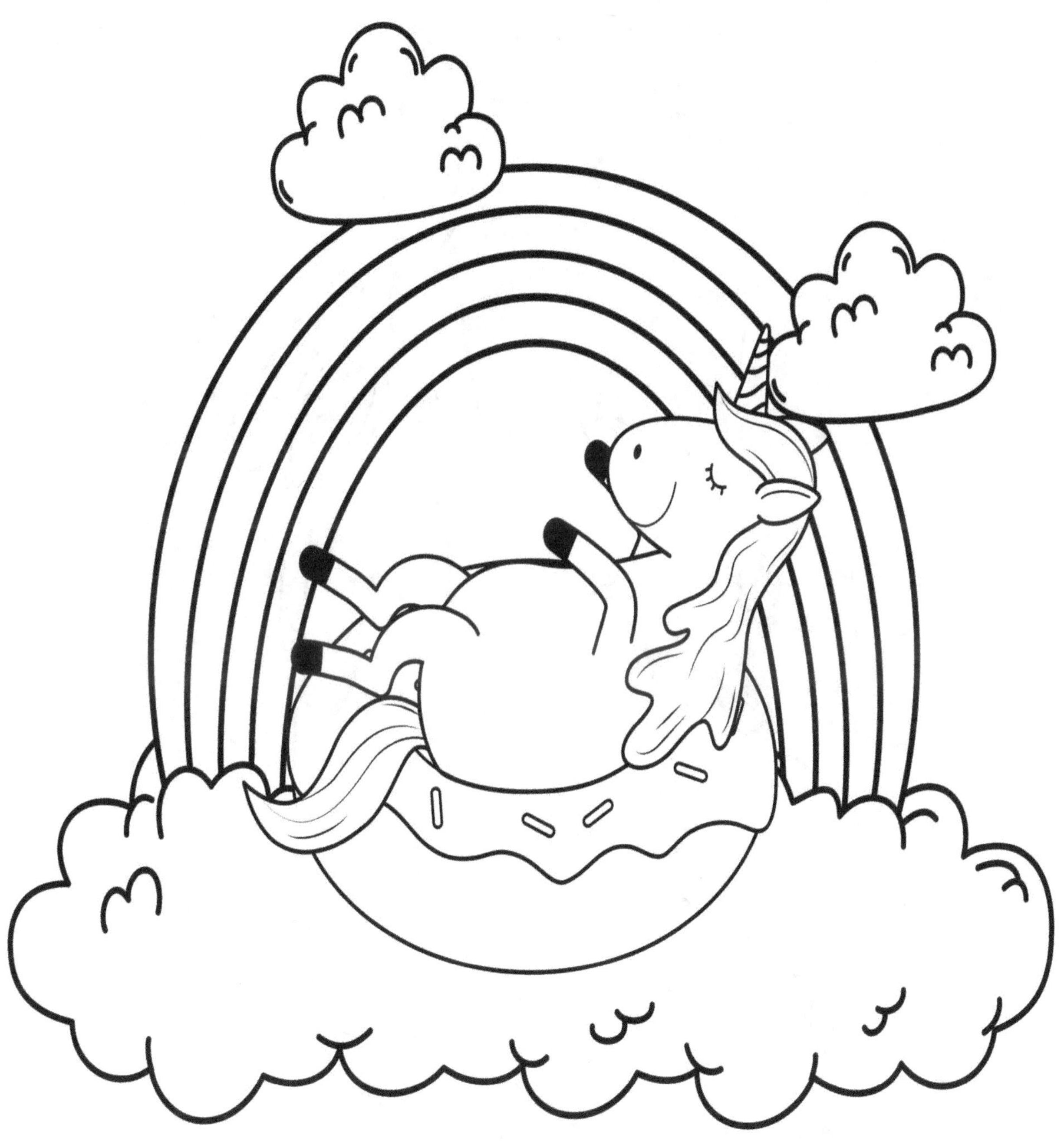

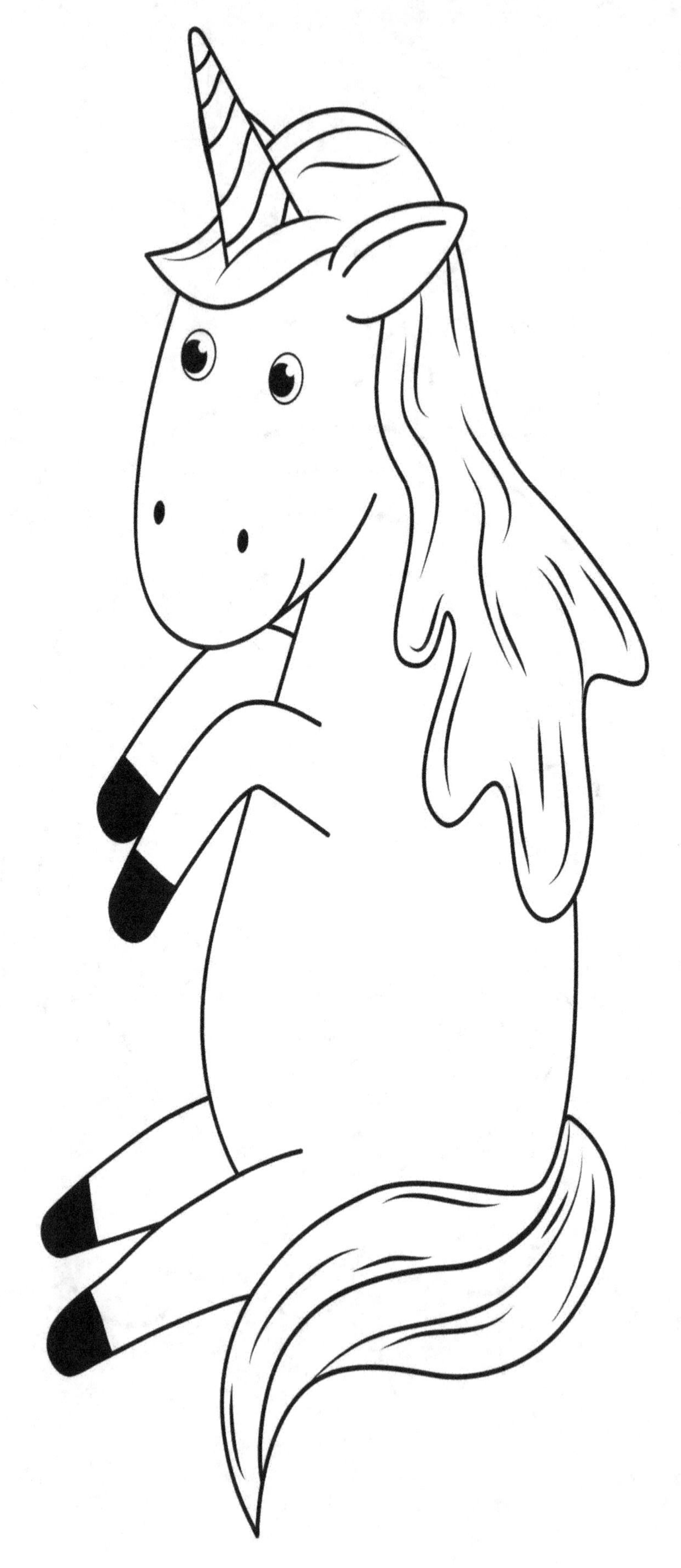

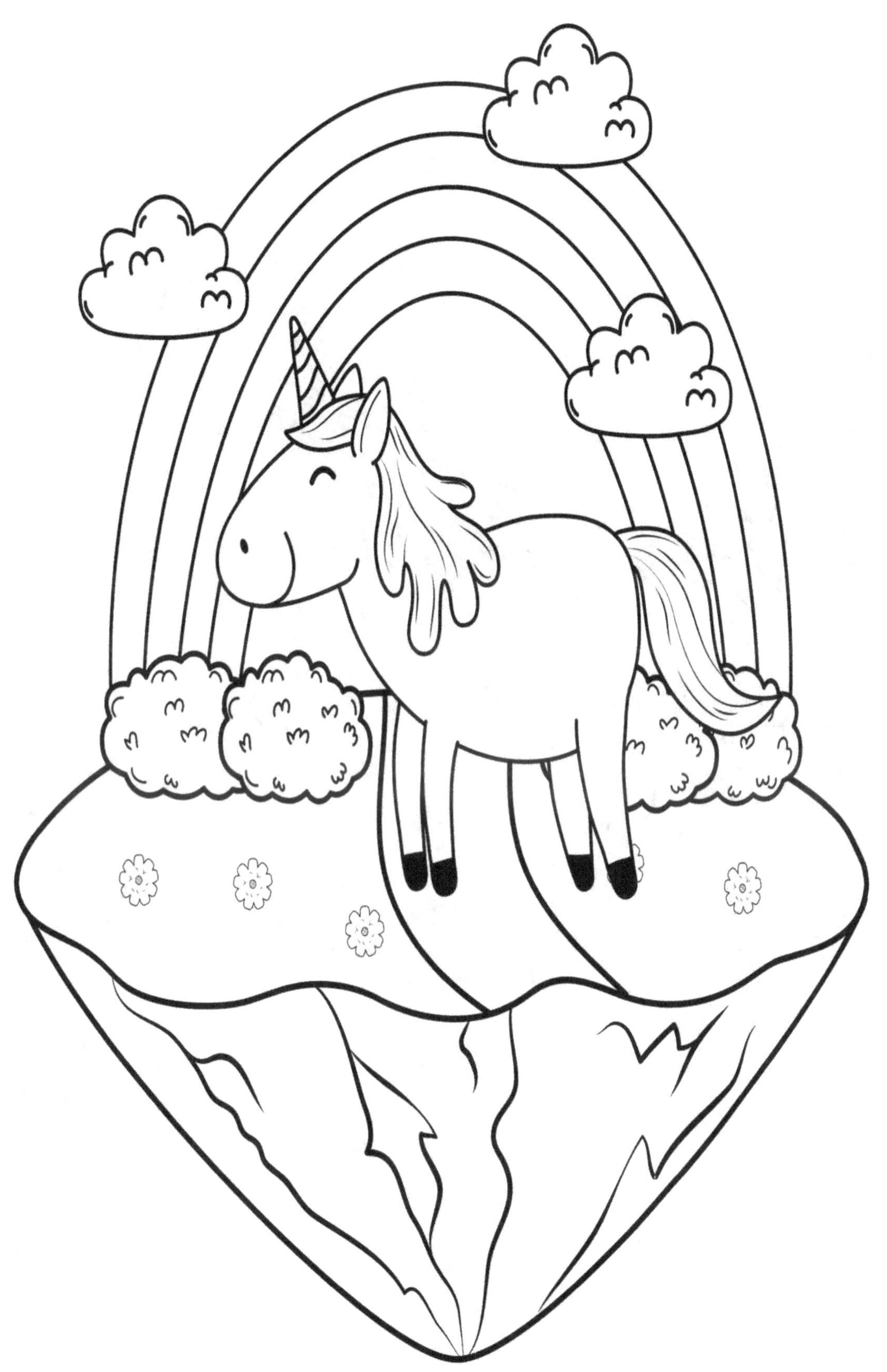

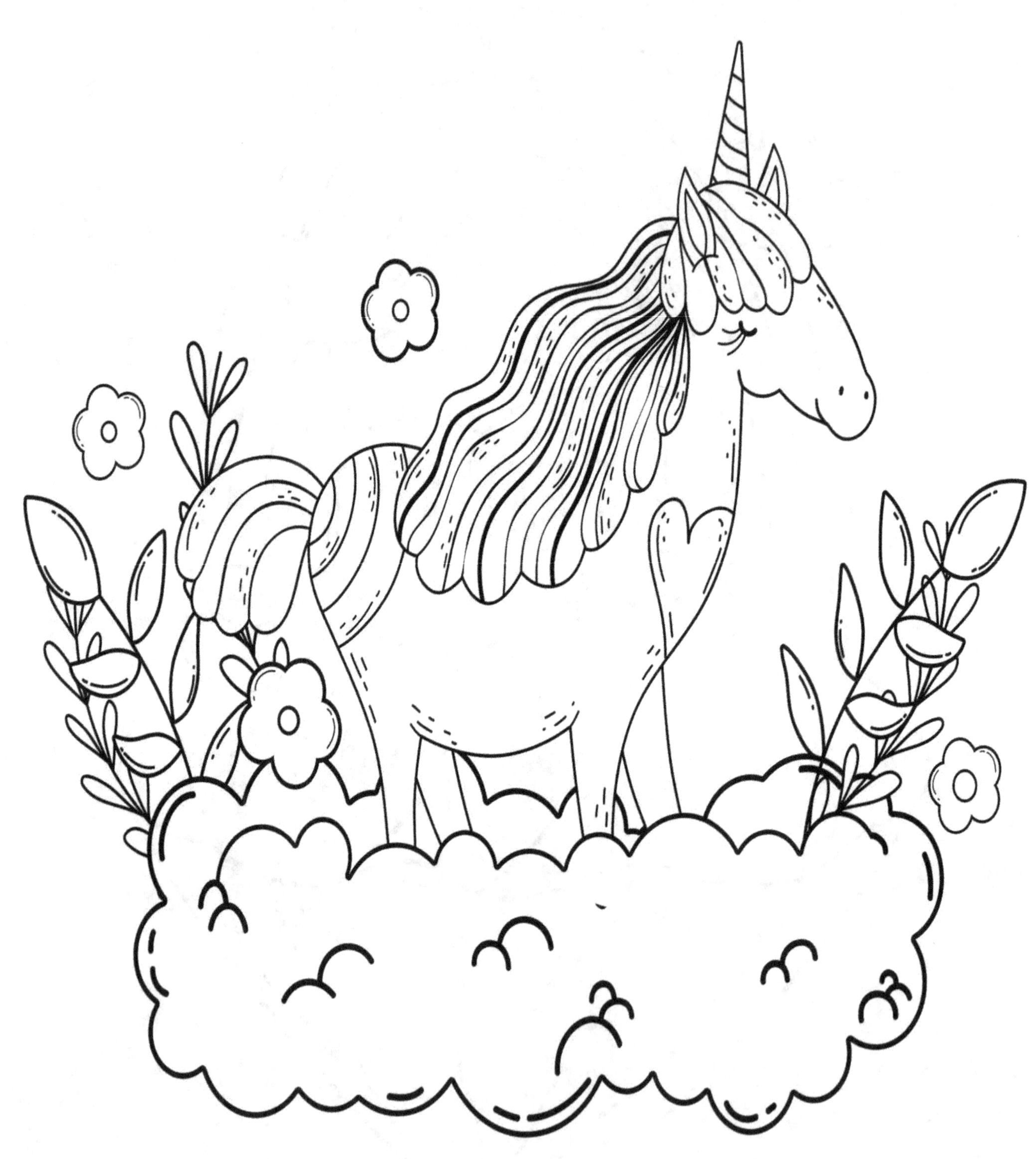

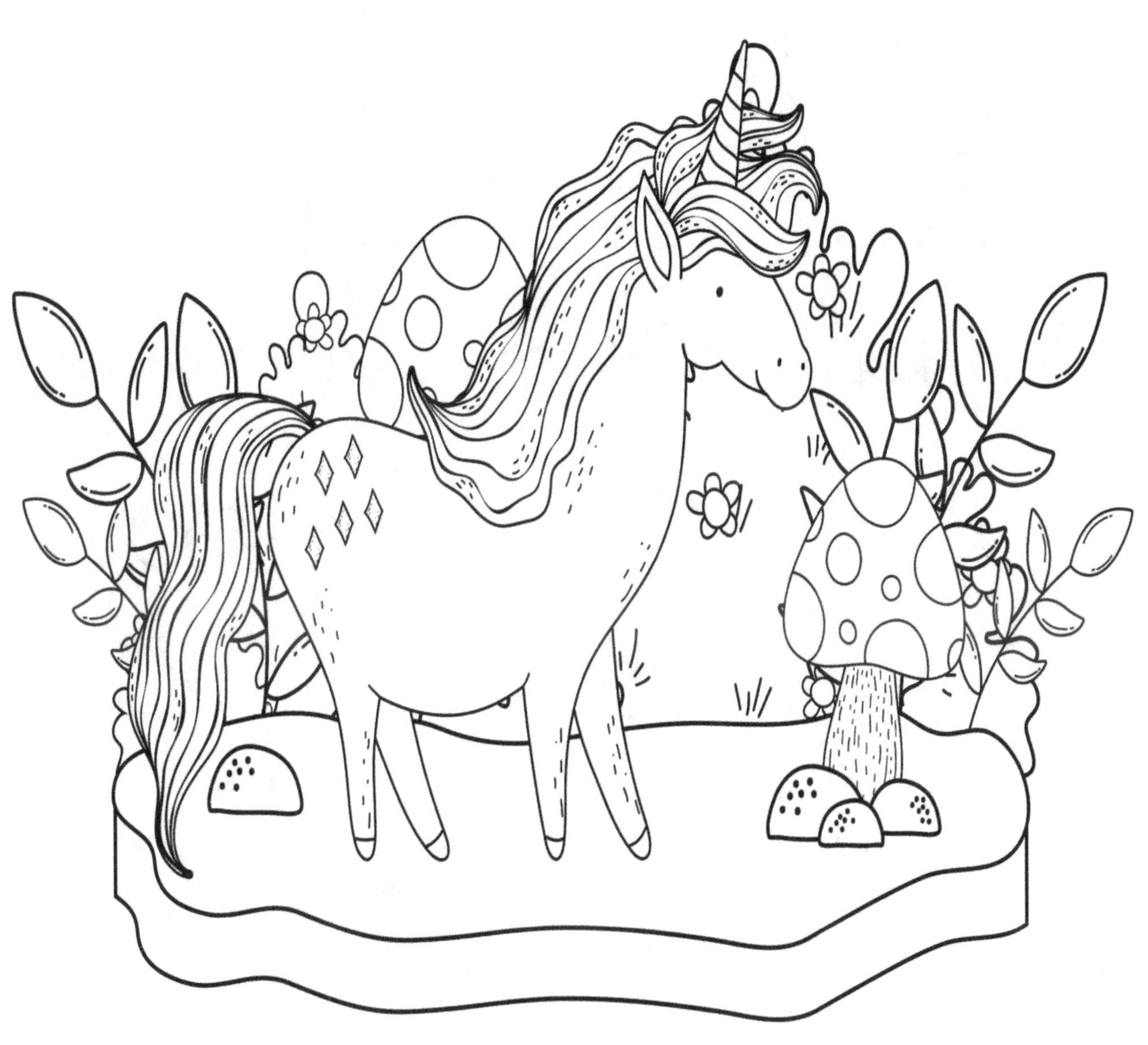

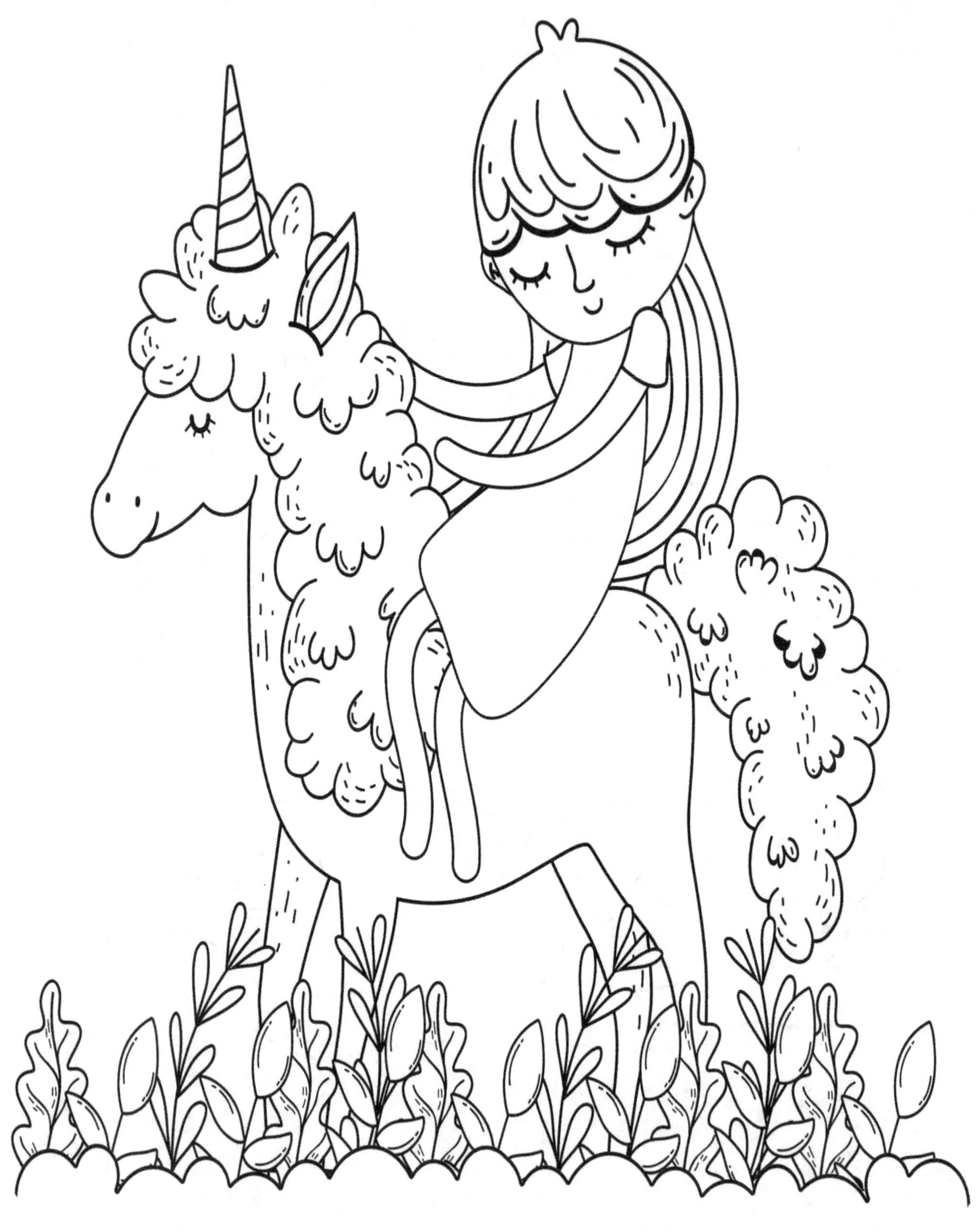

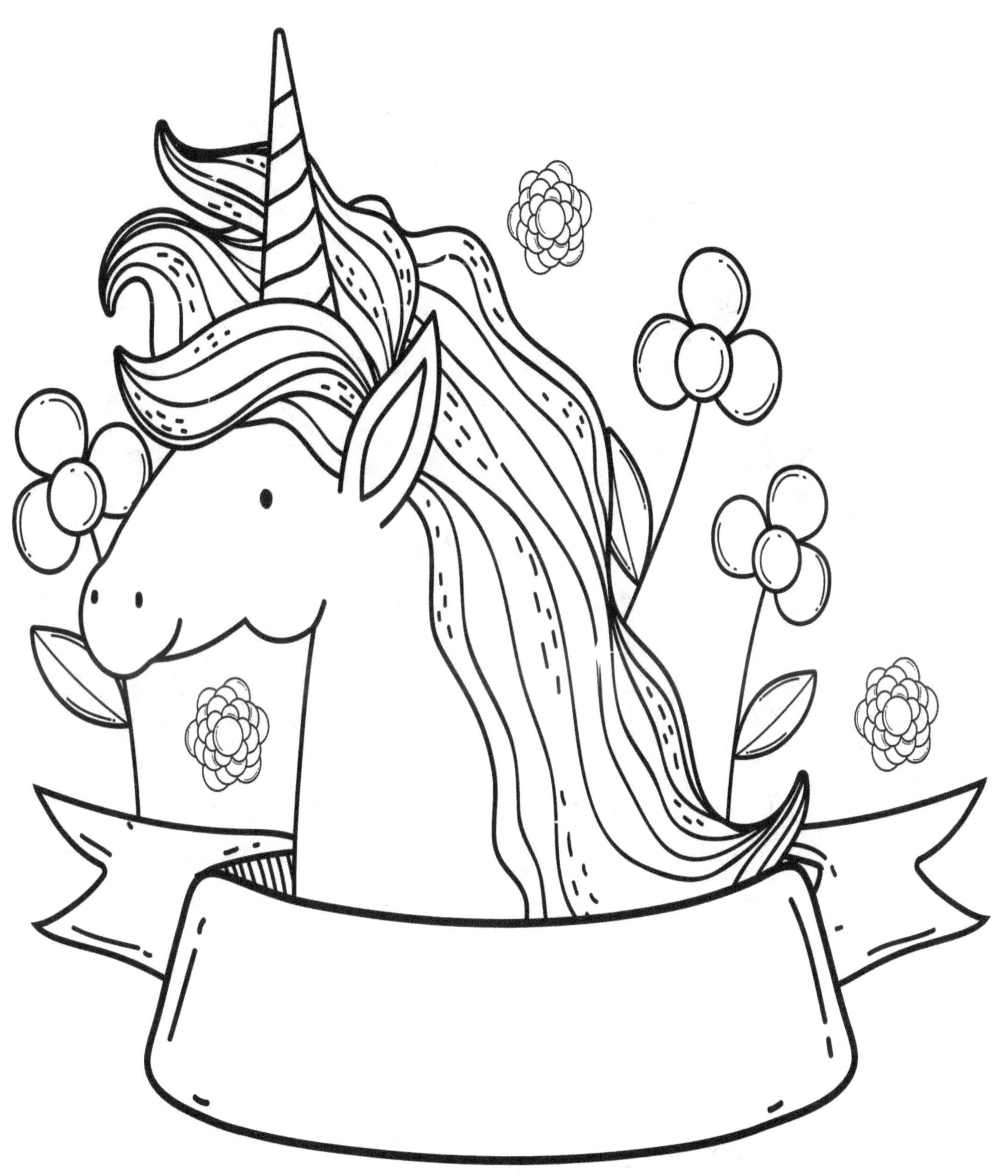

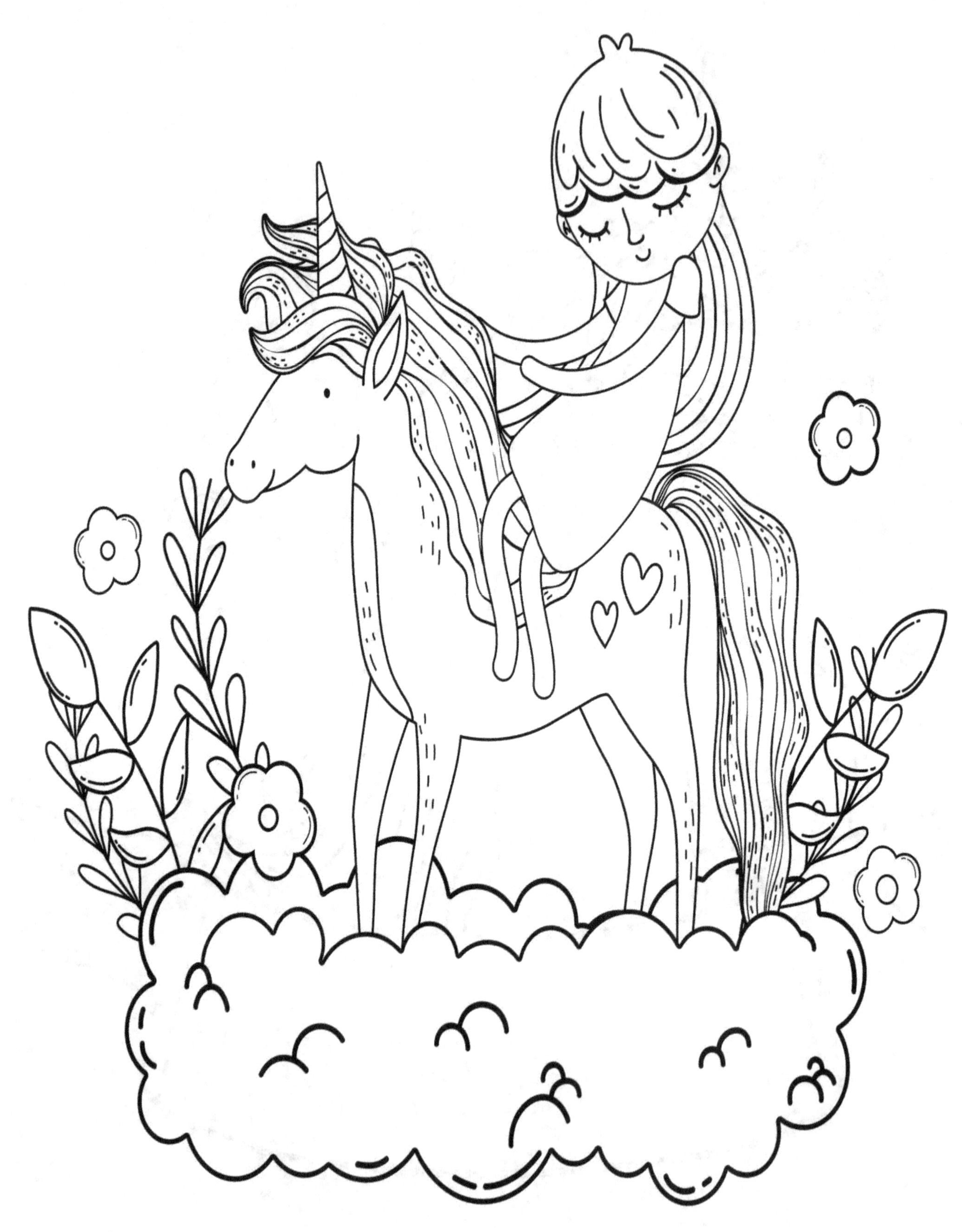

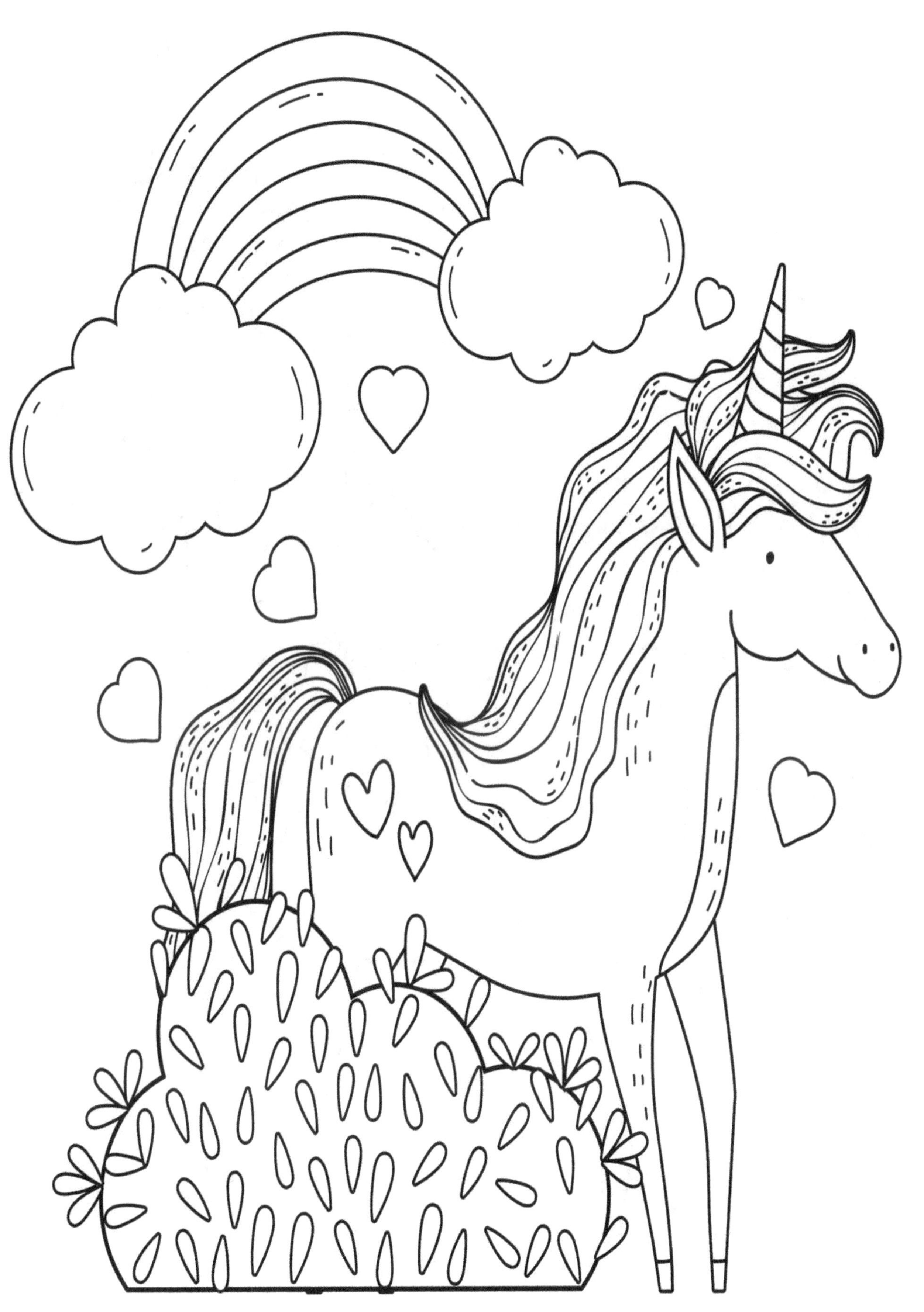

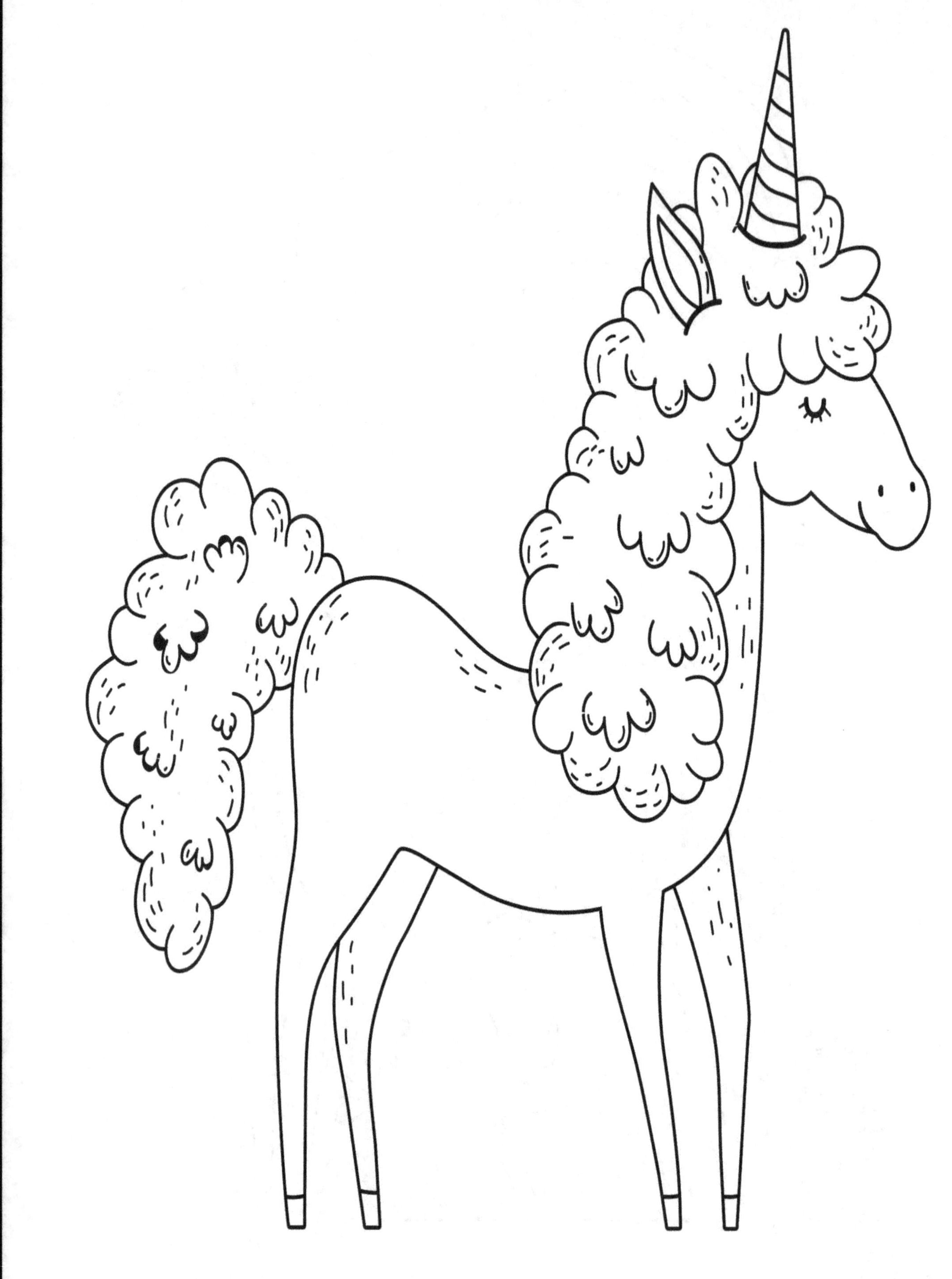

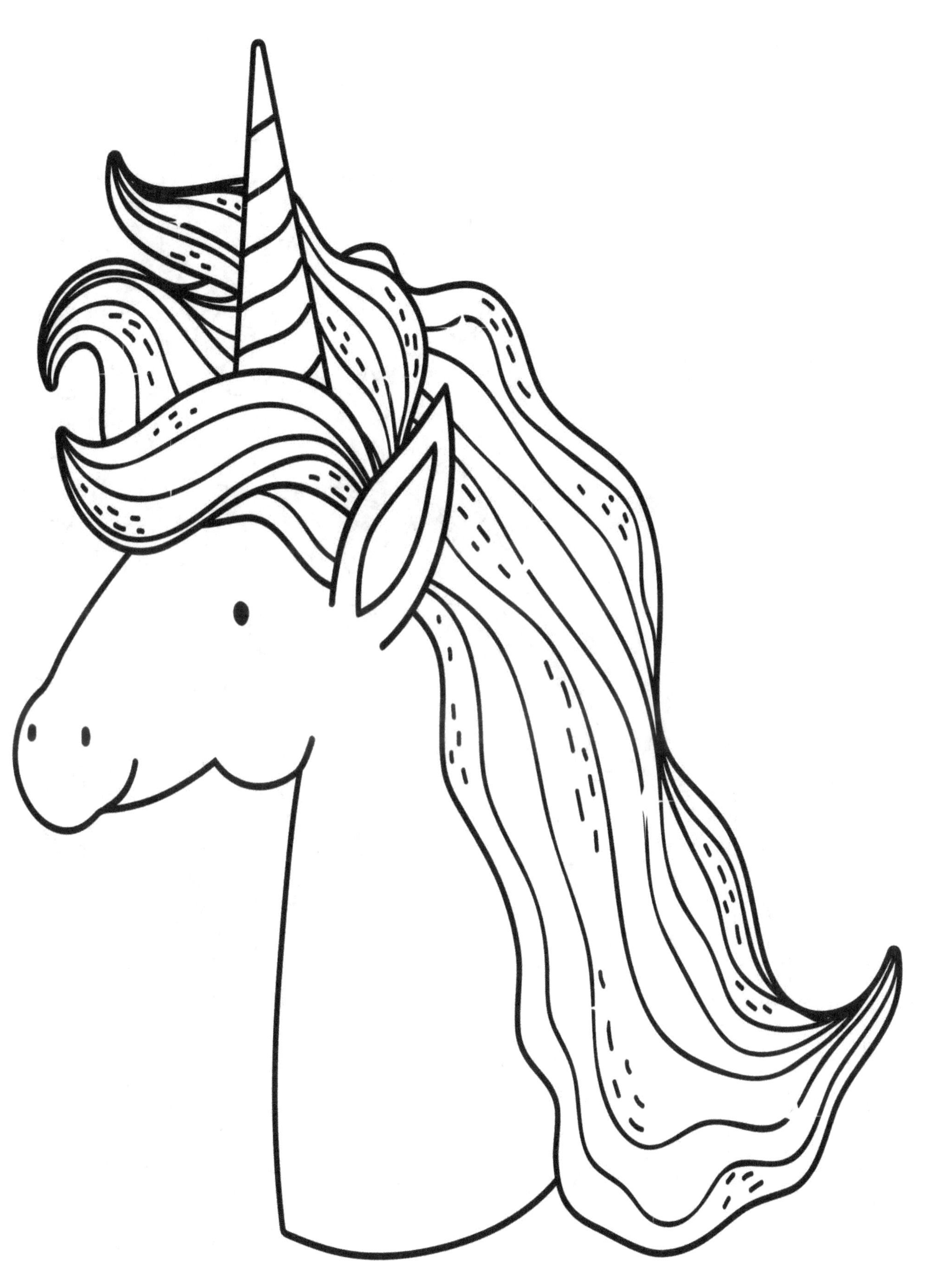

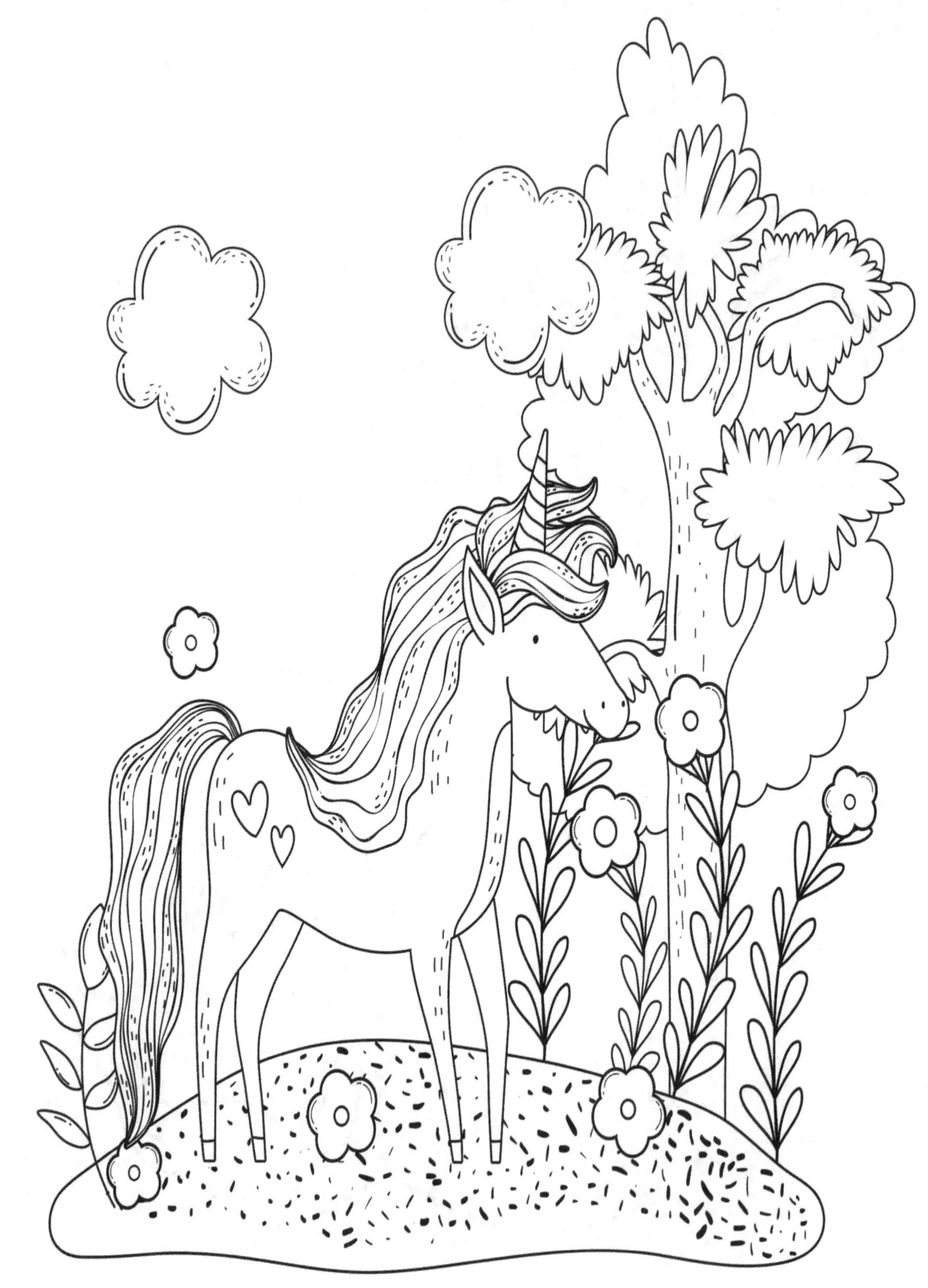

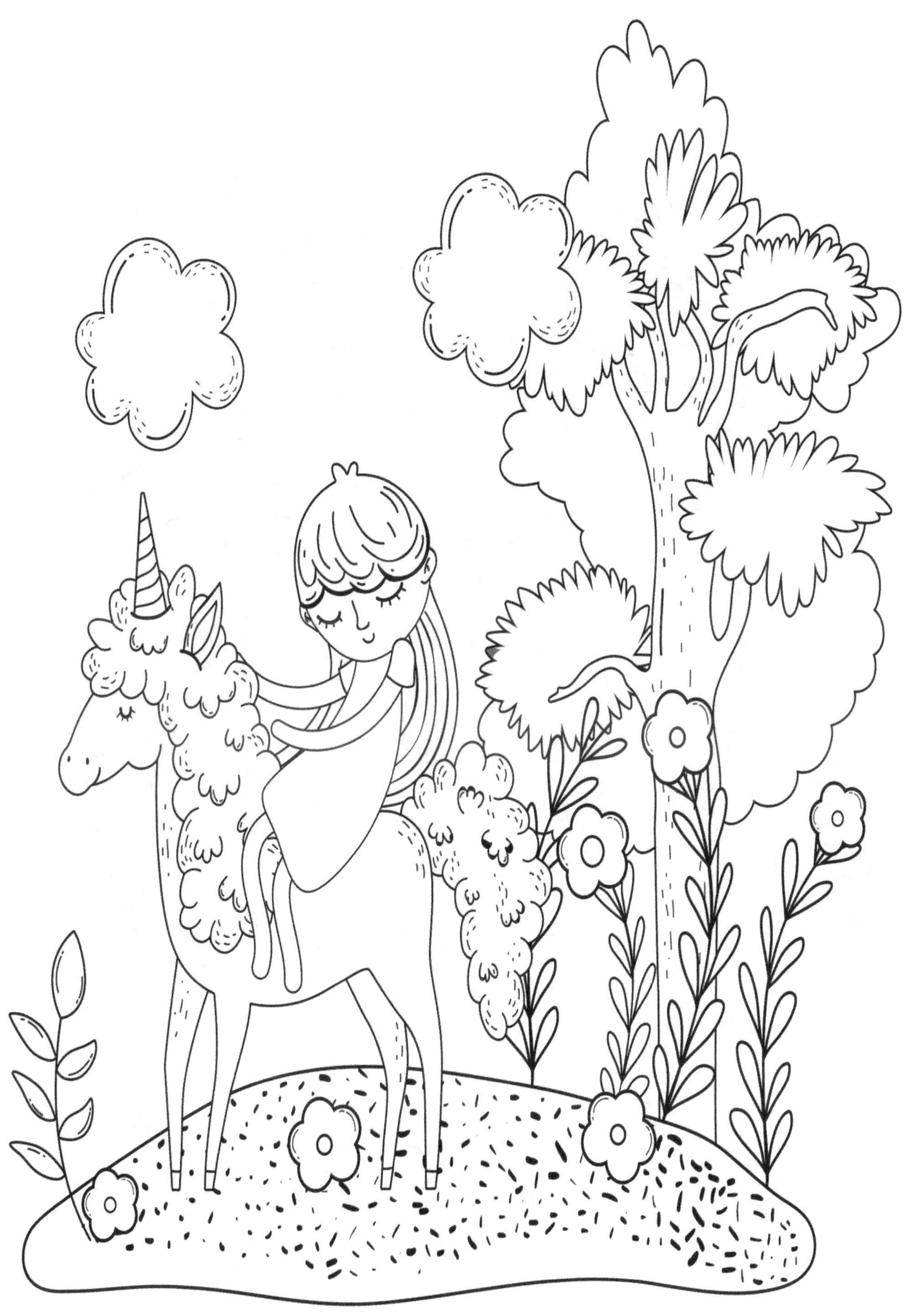

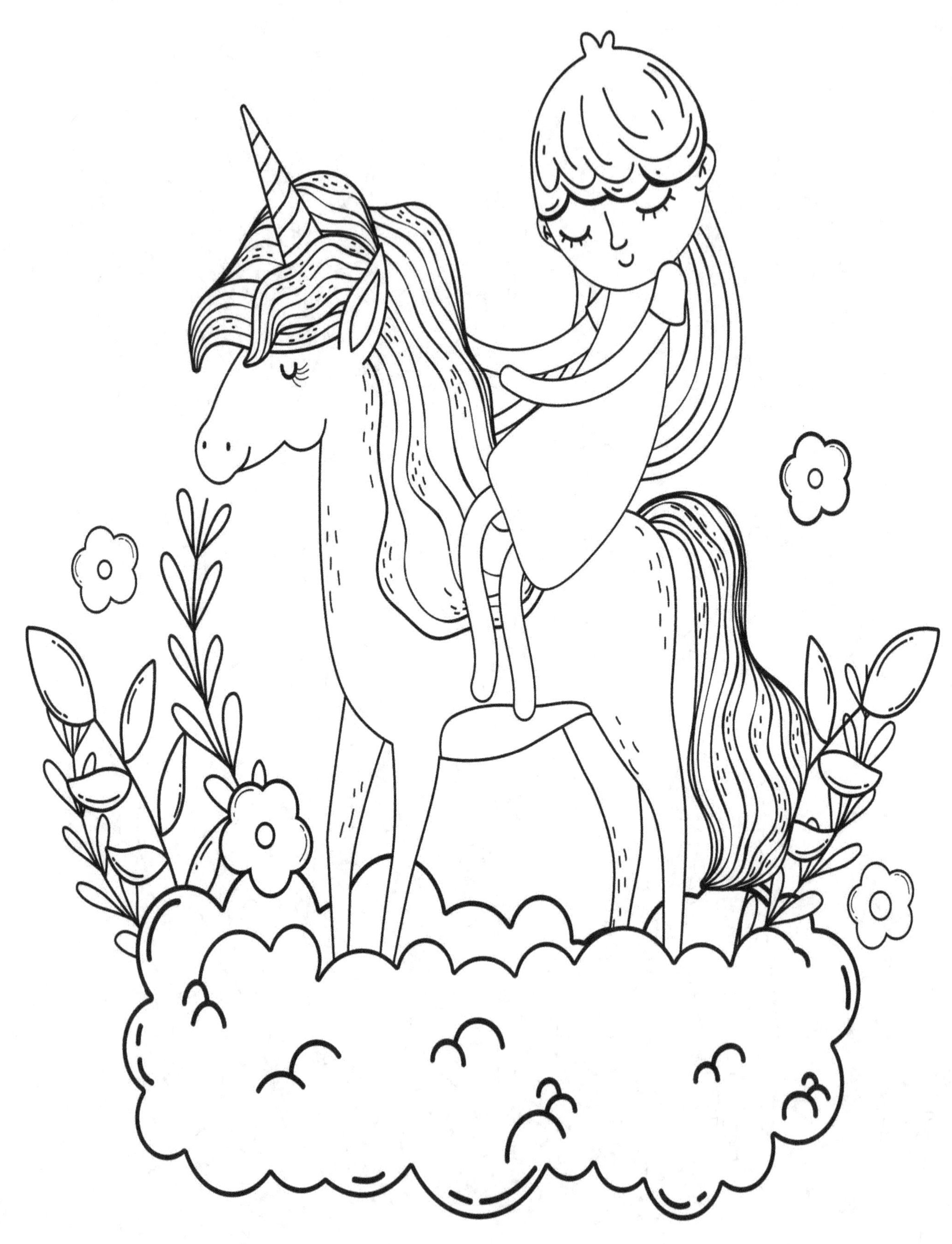

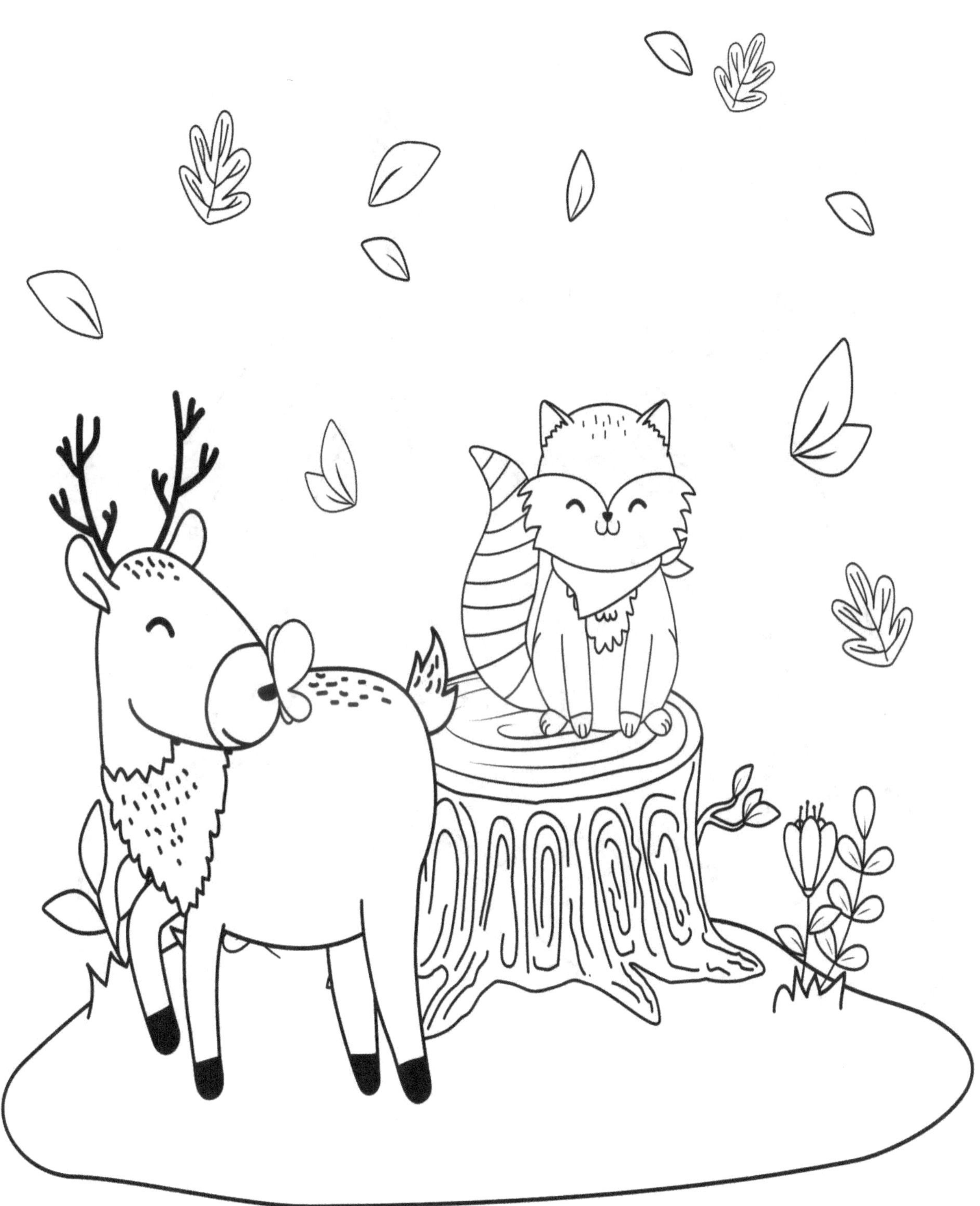

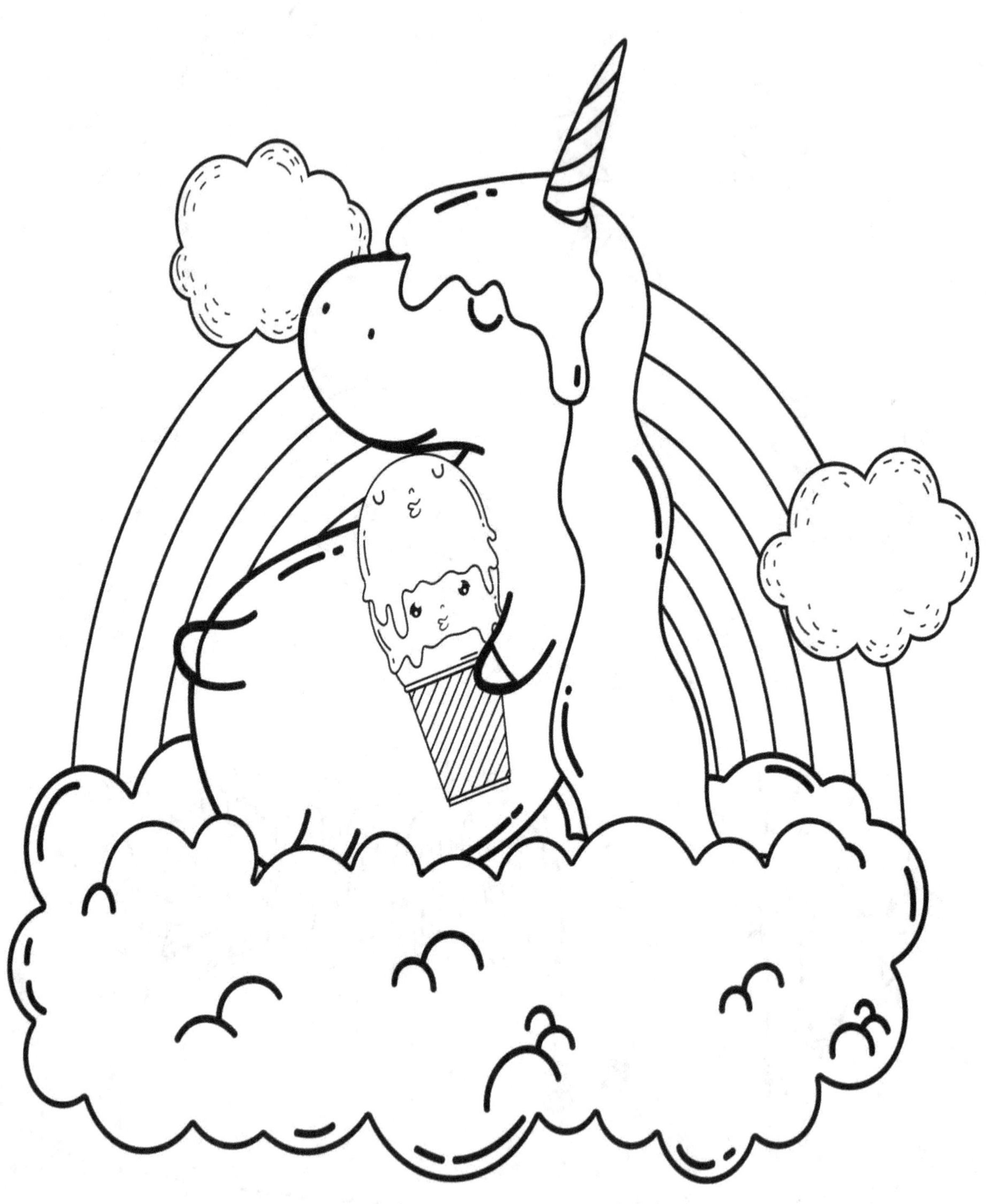

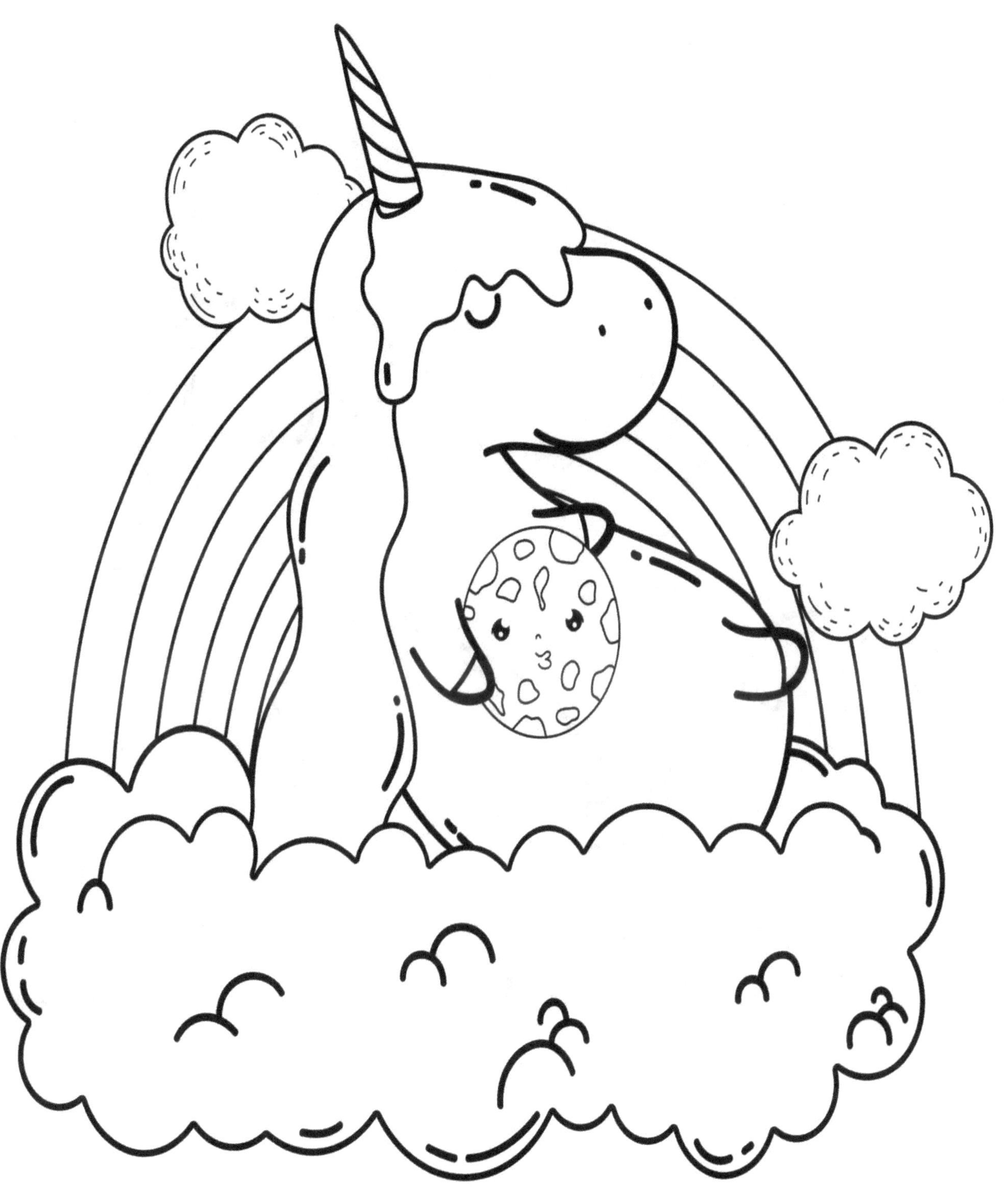

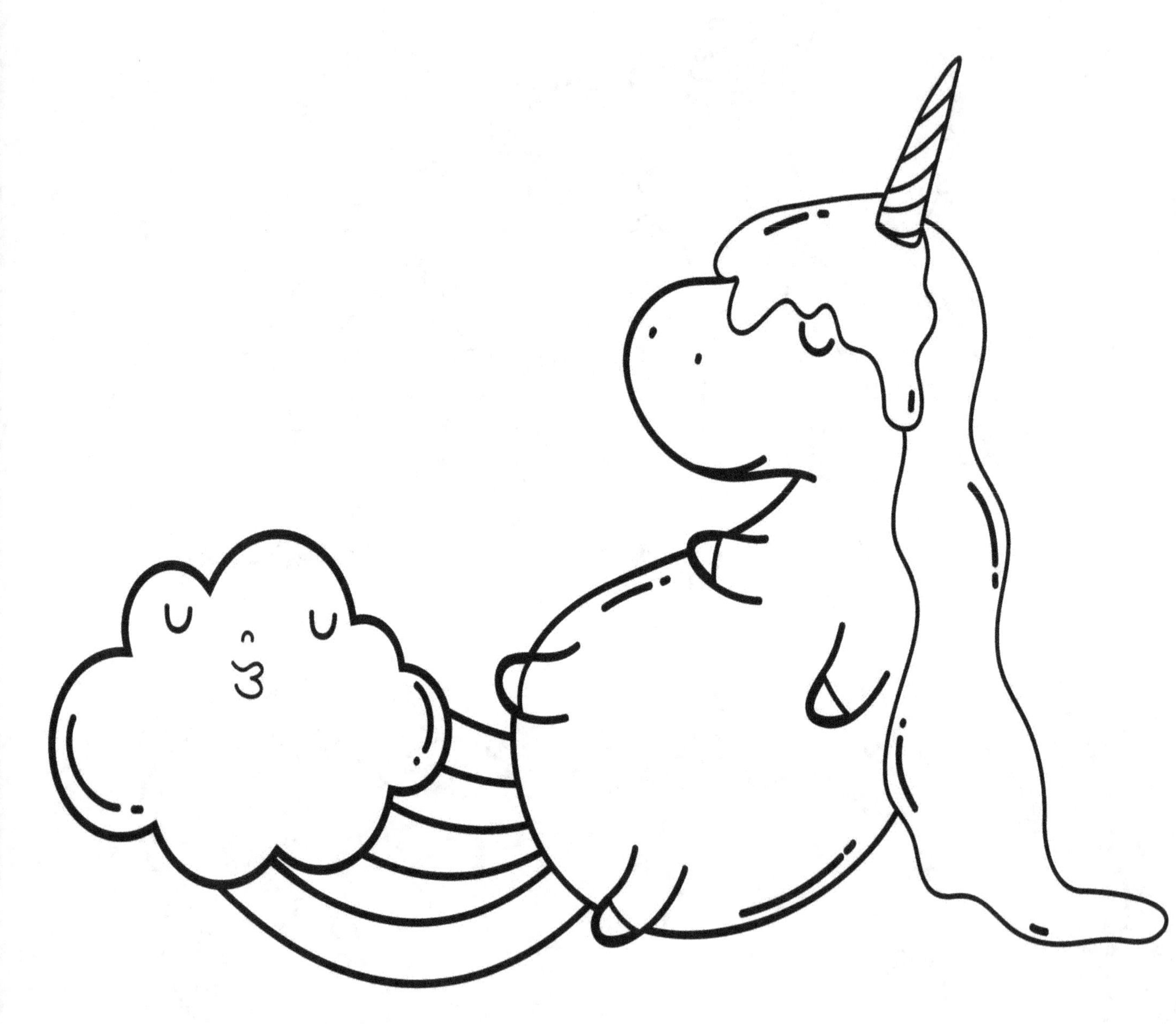